코레일
(한국철도공사)
필기시험 모의고사

- 토목 -

제 1 회	영 역	직업기초능력평가(의사소통능력, 수리능력, 문제해결능력) 직무수행능력평가(토목일반)
	문항수	25문항, 25문항
	시 간	60분
	비 고	객관식 5지선다형, 객관식 4지선다형

SEOWONGAK
(주)서원각

제1회 필기시험 모의고사

>> 직업기초능력평가

1 다음 글과 어울리는 사자성어로 적절한 것은?

> 진나라의 사마위강은 자신이 모시는 도공에게 이런 말을 하였다. "전하, 나라가 편안할 때일수록 위기가 닥쳐올 것을 대비해야 합니다. 위기가 닥칠 것을 대비해 항상 만반의 준비를 하고 있어야 합니다. 미리 준비를 하고 있으면 걱정할 것이 아무 것도 없습니다." 이 말을 깊이 새겨들은 도강은 위기에 대처할 수 있도록 준비하였고, 마침내 천하통일을 이루었다.

① 토사구팽(兎死狗烹)

② 유비무환(有備無患)

③ 와신상담(臥薪嘗膽)

④ 선공후사(先公後私)

⑤ 맥수지탄(麥秀之嘆)

2 밑줄 친 단어를 바꾸어 쓰기에 적절한 것은?

> 조선시대 우리의 전통적인 전술은 흔히 장병(長兵)이라고 불리는 것이었다. 장병은 기병(騎兵)과 보병(步兵)이 모두 궁시(弓矢)나 화기(火器) 같은 장거리 무기를 주무기로 삼아 원격전(遠隔戰)에서 적을 제압하는 것이 특징이었다. 이에 반해 일본의 전술은 창과 검을 주무기로 삼아 근접전(近接戰)에 치중하였기 때문에 단병(短兵)이라 일컬어졌다. 이러한 전술상의 차이로 인해 임진왜란 이전에는 조선의 전력(戰力)이 일본의 전력을 압도하는 형세였다. 조선의 화기 기술은 고려 말 왜구를 효과적으로 격퇴하는 방도로 수용된 이래 발전을 <u>거듭</u>했지만, 단병에 주력하였던 일본은 화기 기술을 습득하지 못하고 있었다.
>
> 그러나 이러한 전력상의 우열관계는 임진왜란 직전 일본이 네덜란드 상인들로부터 조총을 구입함으로써 역전되고 말았다. 일본의 새로운 장병 무기가 된 조총은 조선의 궁시나 화기보다도 사거리나 정확도 등에서 훨씬 우세하였다. 조총은 단지 조선의 장병 무기류를 압도하는데 그치지 않고 일본이 본래 가지고 있던 단병 전술의 장점을 십분 발휘하게 하였다. 조선이 임진왜란 때 육전(陸戰)에서 참패를 <u>거듭</u>한 것은 정치 · 사회 전반의 문제가 일차적 원인이겠지만, 이러한 전술상의 문제에도 전혀 까닭이 없지 않았던 것이다. 그러나 일본은 근접전이 불리한 해전(海戰)에서 조총의 화력을 압도하는 대형 화기의 위력에 눌려 끝까지 열세를 만회하지 못했다. 일본은 화약무기 사용의 전통이 길지 않았기 때문에 해전에서도 조총만을 사용하였다. 반면 화기 사용의 전통이 오래된 조선의 경우 비록 육전에서는 소형화기가 조총의 성능을 당해내지 못했지만, 해전에서는 함선에 탑재한 대형 화포의 화력이 조총의 성능을 압도하였다. 해전에서 조선 수군이 거둔 승리는 이순신의 탁월한 지휘력에도 힘입은 바 컸지만, 이러한 장병 전술의 우위가 승리의 기본적인 토대가 되었던 것이다.

① 반복

② 제압

③ 장만

④ 작용

⑤ 각오

3 다음 글을 읽고 독자의 반응으로 옳지 않은 것으로 짝지어진 것은?

> 1918년 캘리포니아의 요세미티 국립공원에 인접한 헤츠헤치 계곡에 댐과 저수지를 건설하자는 제안을 놓고 중요한 논쟁이 벌어졌다. 샌프란시스코 시에 물이 부족해지자 헤츠헤치 계곡을 수몰시키는 댐을 건설하여 샌프란시스코에 물을 안정적으로 공급하자는 계획이 등장한 것이다. 이 계획안을 놓고 핀쇼와 뮤어 사이에 중요한 논쟁이 벌어지는데, 이는 이후 환경문제에 대한 유력한 두 가지 견해를 상징적으로 드러낸다.
>
> 핀쇼는 당시 미국 산림청장으로서 미국에서 거의 최초로 전문적인 교육과 훈련을 받은 임업전문가 중의 한 사람이었다. 또한 핀쇼는 환경의 보호관리(conservation) 운동의 창시자였다. 이 운동은 산림 지역을 지혜롭게 이용하기 위해서는 이를 보호하는 동시에 적절하게 관리해야 한다는 주장을 폈다. 핀쇼는 국유림을 과학적으로 경영, 관리해야 한다고 생각하였다. 그의 기본 방침은 국유지는 대중의 필요와 사용을 위해 존재한다는 것이었다. 그는 "어떤 사람은 산림이 아름답고 야생 생물의 안식처라는 이유를 들어 이를 보존해야 한다고 주장한다. 하지만 우리의 산림 정책의 목표는 산림을 보존하는 것이 아니라 이를 활용하여 행복한 가정을 꾸미고 대중의 복지를 추구하는 것"이라고 말하였다. 핀쇼는 계곡에 댐을 건설하려는 샌프란시스코시의 계획을 지지하였는데 그 근거는 계곡의 댐 건설이 수백만의 사람들이 필요로 하는 물을 제공할 수 있다는 점이었다. 그는 이것이 자연자원을 가장 효과적으로 사용하는 방법이라고 생각하였다.

반면 시에라 클럽의 창립자이며 자연보존(preservation) 운동의 대변자인 뮤어는 계곡의 보존을 주장하였다. 그는 자연을 인간의 소비를 위한 단순한 상품으로만 간주하는 보호관리주의가 심각한 문제점을 지닌다고 생각하였다. 그는 야생 자연의 정신적이고 심미적인 가치를 강조했으며, 모든 생명체의 내재적 가치를 존중하였다. 그는 헤츠헤치 계곡이 원형대로 보존되어야 하며 댐을 건설하여 계곡을 파괴하는 인간의 행위는 막아야 한다고 주장하였다.

㉠ 정아 : 위 글에는 환경문제에 대한 두 가지 견해가 나타나있어.
㉡ 연수 : 두 명의 전문가의 의견은 서로 대립되고 있어
㉢ 인아 : 당시 미국 산림청장이던 뮤어는 계곡의 보존을 주장하였어.
㉣ 우리 : 핀쇼는 산림정책의 목표를 산림을 활용해서 대중의 복지를 추구하는 것으로 보았어.

① ㉠
② ㉡
③ ㉢
④ ㉣
⑤ ㉠㉡

4 다음 중 ㉠의 의미로 적절한 것은?

우리 민족은 고유한 성(姓)과 더불어 성씨 앞에 특정지역의 명칭을 붙여 사용하고 있다. 이를 본관이라고 하는데, 본관의 사용은 고려시대부터 시작되었다. 고려전기 본관제(本貫制)의 기능은 무엇보다 민(民)에 대한 통제책과 밀접하게 관련되어 있었다. 민의 거주지를 파악하기 위한 수단이었음은 물론 신분, 계층, 역(役) 등을 파악하고 통제하는 수단이 되었다. 운영원리로 볼 때 지역 간 또는 지역 내의 위계적인 지배방식과도 관련되어 있었다. 그리고 그것은 국가권력의 의사가 개별 민에게 일방적으로 관철되는 방식이 아니라 향촌사회에 존재하고 있던 공동체적 관계를 통해 관철되는 방식이었다.

12세기부터 향촌사회에서 향촌민이 몰락하여 계급분화가 심화되고 유망(流亡) 현상이 극심하게 ㉠일어나면서, 본관제를 통한 거주지 통제정책은 느슨해져 갔다. 이러한 상황에 대처하여 고려정부는 민이 거주하고 있는 현재의 거주지를 인정하고 그 거주지의 민을 호적에 올려 수취를 도모하는 정책을 시도하게 되었다. 이에 따라 지역 간 위계를 두는 지배방식을 유지하기 어렵게 되었다. 향소·부곡과 같은 특수행정구역이 감소되었으며, 부곡민도 일반 군현민과 서로 교류하고 이동할 정도로 군현민과의 신분적인 차이가 미미해졌다.

향촌사회의 변동은 많은 변화를 초래하였다. 먼저 향리층이 이전처럼 향촌질서를 주도하기 어려워졌다. 향리층은 본관을 떠나 이동하였고, 토착적 성격이 희박해진 속성(續姓)이 증가하였다. 이들은 살기 좋은 곳을 찾아 이주하거나 외향(外鄕)이

나 처향(妻鄕)에서 지역 기반을 마련하는 경우가 많았다. 향리층은 아전층인 이족(吏族)과 재지품관층인 사족(士族)으로 분화하기 시작하였고, 이후 사족은 지방관과 함께 향촌사회 지배의 일부를 담당했다. 또한 본관이 점차 관념적인 혈연을 의미하는 것으로 바뀌게 되었고, 동성(同姓)은 본래 동본(同本)이었다는 관념이 커지게 되었다. 동성동본 관념은 성관(姓貫)의 통합을 촉진시켰고, 군소 성관들이 본래의 본관을 같은 성(姓)의 유력 본관에 따라 고치는 현상을 확대시켰다.

본관제의 성격이 변화함에 따라, 죄지은 자를 자기 본관으로 돌려보내는 귀향형(歸鄕刑)이나 특정한 역에 편입시키는 충상호형(充常戶刑)과 같은 법제는 폐지되었다. 그러한 법제는 본관제의 기능과 관련해서만 유의미한 것이었기 때문이다.

① 어떤 일이 생기다.
② 어떤 마음이 생기다.
③ 누웠다가 앉거나 앉았다가 서다.
④ 잠에서 깨어나다.
⑤ 약하거나 희미하던 것이 성하여지다.

5 다음 글에 나타난 아리스토텔레스의 견해에 대한 이해로 가장 적절한 것은?

자연에서 발생하는 모든 일은 목적 지향적인가? 자기 몸통보다 더 큰 나뭇가지나 잎사귀를 허둥대며 운반하는 개미들은 분명히 목적을 가진 듯이 보인다. 그런데 가을에 지는 낙엽이나 한밤중에 쏟아지는 우박도 목적을 가질까? 아리스토텔레스는 모든 자연물이 목적을 추구하는 본성을 타고나며, 외적 원인이 아니라 내재적 본성에 따른 운동을 한다는 목적론을 제시한다. 그는 자연물이 단순히 목적을 갖는 데 그치는 것이 아니라 목적을 실현할 능력도 타고나며, 그 목적은 방해받지 않는 한 반드시 실현될 것이고, 그 본성적 목적의 실현은 운동 주체에 항상 바람직한 결과를 가져온다고 믿는다. 아리스토텔레스는 이러한 자신의 견해를 "자연은 헛된 일을 하지 않는다!"라는 말로 요약한다.

근대에 접어들어 모든 사물이 생명력을 갖지 않는 일종의 기계라는 견해가 강조되면서, 아리스토텔레스의 목적론은 비과학적이라는 이유로 많은 비판에 직면한다. 갈릴레이는 목적론적 설명이 과학적 설명으로 사용될 수 없다고 주장하며, 베이컨은 목적에 대한 탐구가 과학에 무익하다고 평가하고, 스피노자는 목적론이 자연에 대한 이해를 왜곡한다고 비판한다. 이들의 비판은 목적론이 인간 이외의 자연물도 이성을 갖는 것으로 의인화한다는 것이다. 그러나 이런 비판과는 달리 아리스토텔레스는 자연물을 생물과 무생물로, 생물을 식물·동물·인간으로 나누고, 인간만이 이성을 지닌다고 생각했다.

일부 현대 학자들은, 근대 사상가들이 당시 과학에 기초한 기계론적 모형이 더 설득력을 갖는다는 일종의 교조적 믿음에 의존했을 뿐, 아리스토텔레스의 목적론을 거부할 충분한 근거를 제시하지 못했다고 비판한다. 이런 맥락에서 볼로틴은 근대 과학이 자연에 목적이 없음을 보이지도 못했고 그렇게 하려는 시도조차 하지 않았다고 지적한다. 또한 우드필드는 목적론적 설명이 과학적 설명은 아니지만, 목적론의 옳고 그름을 확인할 수 없기 때문에 목적론이 거짓이라 할 수도 없다고 지적한다.

17세기의 과학은 실험을 통해 과학적 설명의 참·거짓을 확인할 것을 요구했고, 그런 경향은 생명체를 비롯한 세상의 모든 것이 물질로만 구성된다는 물질론으로 이어졌으며, 물질론 가운데 일부는 모든 생물학적 과정이 물리·화학 법칙으로 설명된다는 환원론으로 이어졌다. 이런 환원론은 살아 있는 생명체가 죽은 물질과 다르지 않음을 함축한다. 하지만 아리스토텔레스는 자연물의 물질적 구성 요소를 알면 그것의 본성을 모두 설명할 수 있다는 엠페도클레스의 견해를 반박했다. 이 반박은 자연물이 단순히 물질로만 이루어진 것이 아니며, 또한 그것의 본성이 단순히 물리·화학적으로 환원되지도 않는다는 주장을 내포한다.

첨단 과학의 발전에도 불구하고 생명체의 존재 원리와 이유를 정확히 규명하는 과제는 아직 진행 중이다. 자연물의 구성 요소에 대한 아리스토텔레스의 탐구는 자연물이 존재하고 운동하는 원리와 이유를 밝히려는 것이었고, 그의 목적론은 지금까지 이어지는 그러한 탐구의 출발점이라 할 수 있다.

① 자연물의 본성적 운동은 외적 원인에 의해 야기되기도 한다.
② 낙엽의 운동은 본성적 목적 개념으로는 설명되지 않는다.
③ 본성적 운동의 주체는 본성을 실현할 능력을 갖고 있다.
④ 자연물의 목적 실현은 때로는 그 자연물에 해가 된다.
⑤ 개미의 본성적 운동은 이성에 의한 것으로 설명된다.

| 6~8 | 다음 글을 읽고 물음에 답하시오.

디지털 통신 시스템은 송신기, 채널, 수신기로 구성되며, 전송할 데이터를 빠르고 정확하게 전달하기 위해 부호화 과정을 거쳐 전송한다. 영상, 문자 등인 데이터는 기호 집합에 있는 기호들의 조합이다. 예를 들어 기호 집합 {a, b, c, d, e, f}에서 기호들을 조합한 add, cab, beef 등이 데이터이다. 정보량은 어떤 기호가 발생했다는 것을 알았을 때 얻는 정보의 크기이다. 어떤 기호 집합에서 특정 기호의 발생 확률이 높으면 그 기호의 정보량은 적고, 발생 확률이 낮으면 그 기호의 정보량은 많다. 기호 집합의 평균 정보량(각 기호의 발생 확률과 정보량을 서로 곱하여 모두 더한 것)을 기호 집합의 엔트로피라고 하는데 모든 기호들이 동일한 발생 확률을 가질 때 그 기호 집합의 엔트로피는 최댓값을 갖는다.

송신기에서는 소스 부호화, 채널 부호화, 선 부호화를 거쳐 기호를 부호로 변환한다. 소스 부호화는 데이터를 압축하기 위해 기호를 0과 1로 이루어진 부호로 변환하는 과정이다. 어떤 기호가 110과 같은 부호로 변환되었을 때 0 또는 1을 비트라고 하며 이 부호의 비트 수는 3이다. 이때 기호 집합의 엔트로피는 기호 집합에 있는 기호를 부호로 표현하는 데 필요한 평균 비트 수의 최솟값이다. 전송된 부호를 수신기에서 원래의 기호로 복원하려면 부호들의 평균 비트 수가 기호 집합의 엔트로피보다 크거나 같아야 한다. 기호 집합을 엔트로피에 최대한 가까운 평균 비트 수를 갖는 부호들로 변환하는 것을 엔트로피 부호화라 한다. 그중 하나인 '허프만 부호화'에서는 발생 확률이 높은 기호에는 비트 수가 적은 부호를, 발생 확률이 낮은 기호에는 비트 수가 많은 부호를 할당한다.

채널 부호화는 오류를 검출하고 정정하기 위하여 부호에 잉여 정보를 추가하는 과정이다. 송신기에서 부호를 전송하면 채널의 잡음으로 인해 오류가 발생하는데 이 문제를 해결하기 위해 잉여 정보를 덧붙여 전송한다. 채널 부호화 중 하나인 '삼중 반복 부호화'는 0과 1을 각각 000과 111로 부호화한다. 이때 수신기에서는 수신한 부호에 0이 과반수인 경우에는 0으로 판단하고, 1이 과반수인 경우에는 1로 판단한다. 즉 수신기에서 수신된 부호가 000, 001, 010, 100 중 하나라면 0으로 판단하고, 그 이외에는 1로 판단한다. 이렇게 하면 000을 전송했을 때 하나의 비트에서 오류가 생겨 001을 수신해도 0으로 판단하므로 오류는 정정된다. 채널 부호화를 하기 전 부호의 비트 수를, 채널 부호화를 한 후 부호의 비트 수로 나눈 것을 부호율이라 한다. 삼중 반복 부호화의 부호율은 약 0.33이다.

채널 부호화를 거친 부호들을 채널을 통해 전송하려면 부호들을 전기 신호로 변환해야 한다. 0 또는 1에 해당하는 전기 신호의 전압을 결정하는 과정이 선 부호화이다. 전압의 결정 방법은 선 부호화 방식에 따라 다르다. 선 부호화 중 하나인 '차동 부호화'는 부호의 비트가 0이면 전압을 유지하고 1이면 전압을 변화시킨다. 차동 부호화를 시작할 때는 기준 신호가 필요하다. 예를 들어 차동 부호화 직전의 기준 신호가 양(+)의 전압이라면 부호 0110은 '양, 음, 양, 양'의 전압을 갖는 전기 신호로 변환된다. 수신기에서는 송신기와 동일한 기준 신호를 사용하여, 전압의 변화가 있으면 1로 판단하고 변화가 없으면 0으로 판단한다.

6 윗글에서 알 수 있는 내용으로 적절한 것은?

① 소스 부호화는 전송할 기호에 정보를 추가하여 오류에 대비하는 과정이다.
② 영상을 전송할 때는 잡음으로 인한 오류가 발생하지 않는다.
③ 잉여 정보는 데이터를 압축하기 위해 추가한 정보이다.
④ 수신기에는 부호를 기호로 복원하는 기능이 있다.
⑤ 영상 데이터는 채널 부호화 과정에서 압축된다.

7 윗글을 바탕으로, 2가지 기호로 이루어진 기호 집합에 대해 이해한 내용으로 적절하지 않은 것은?

① 기호들의 발생 확률이 모두 1/2인 경우, 각 기호의 정보량은 동일하다.

② 기호들의 발생 확률이 각각 1/4, 3/4인 경우의 평균 정보량이 최댓값이다.

③ 기호들의 발생 확률이 각각 1/4, 3/4인 경우, 기호의 정보량이 더 많은 것은 발생 확률이 1/4인 기호이다.

④ 기호들의 발생 확률이 모두 1/2인 경우, 기호를 부호화하는 데 필요한 평균 비트 수의 최솟값이 최대가 된다.

⑤ 기호들의 발생 확률이 각각 1/4, 3/4인 기호 집합의 엔트로피는 발생 확률이 각각 3/4, 1/4인 기호 집합의 엔트로피와 같다.

8 윗글의 '부호화'에 대한 내용으로 적절한 것은?

① 선 부호화에서는 수신기에서 부호를 전기 신호로 변환한다.

② 허프만 부호화에서는 정보량이 많은 기호에 상대적으로 비트 수가 적은 부호를 할당한다.

③ 채널 부호화를 거친 부호들은 채널로 전송하기 전에 잉여 정보를 제거한 후 선 부호화한다.

④ 채널 부호화 과정에서 부호에 일정 수준 이상의 잉여 정보를 추가하면 부호율은 1보다 커진다.

⑤ 삼중 반복 부호화를 이용하여 0을 부호화한 경우, 수신된 부호에서 두 개의 비트에 오류가 있으면 오류는 정정되지 않는다.

9 다음은 유인입국심사에 대한 설명이다. 옳지 않은 것은?

◈ 유인입국심사 안내
- 입국심사는 국경에서 허가받는 행위로 내외국인 분리심사를 원칙으로 하고 있습니다.
- 외국인(등록외국인 제외)은 입국신고서를 작성하여야 하며, 등록대상인 외국인은 입국일로부터 90일 이내 관할 출입국관리사무소에 외국인 등록을 하여야 합니다.
- 단체사증을 소지한 중국 단체여행객은 입국신고서를 작성하지 않으셔도 됩니다.(청소년 수학여행객은 제외)
- 대한민국 여권을 위·변조하여 입국을 시도하는 외국인이 급증하고 있으므로 다소 불편하시더라도 입국심사관의 얼굴 대조, 질문 등에 적극 협조하여 주시기 바랍니다.
- 외국인 사증(비자) 관련 사항은 법무부 출입국 관리국으로 문의하시기 바랍니다.

◈ 입국신고서 제출 생략
내국인과 90일 이상 장기체류 할 목적으로 출입국사무소에 외국인 등록을 마친 외국인의 경우 입국신고서를 작성하실 필요가 없습니다.

◈ 심사절차

STEP 01	기내에서 입국신고서를 작성하지 않은 외국인은 심사 전 입국신고서를 작성해 주세요.
STEP 02	내국인과 외국인 심사 대기공간이 분리되어 있으니, 줄을 설 때 주의해 주세요. ※ 내국인은 파란선, 외국인은 빨간선으로 입장
STEP 03	심사대 앞 차단문이 열리면 입장해 주세요.
STEP 04	내국인은 여권을, 외국인은 입국신고서와 여권을 심사관에게 제시하고, 심사가 끝나면 심사대를 통과해 주세요. ※ 17세 이상의 외국인은 지문 및 얼굴 정보를 제공해야 합니다.

---

① 등록대상인 외국인은 입국일로부터 90일 이내 관할 출입국관리사무소에 외국인 등록을 하여야 한다.

② 중국 청소년 수학여행객은 단체사증을 소지하였더라도 입국신고서를 작성해야 한다.

③ 모든 외국인은 지문 및 얼굴 정보를 제공해야 한다.

④ 입국심사를 하려는 내국인은 파란선으로 입장해야 한다.

⑤ 내국인은 입국신고서를 작성할 필요가 없다.

10 다음은 P사의 계열사 중 철강과 지원 분야에 관한 자료이다. 다음을 이용하여 A, B, C 중 두 번째로 큰 값은? (단, 지점은 역할에 따라 실, 연구소, 공장, 섹션, 사무소 등으로 구분되며, 하나의 지점은 1천 명의 직원으로 조직된다.)

구분	그룹사	편제	직원 수(명)
철강	PO강판	1지점	1,000
	PONC	2지점	2,000
지원	PO메이트	실 10지점, 공장 A지점	( )
	PO터미널	실 5지점, 공장 B지점	( )
	PO기술투자	실 7지점, 공장 C지점	( )
	PO휴먼스	공장 6지점, 연구소 1지점	( )
	PO인재창조원	섹션 1지점, 사무소 1지점	2,000
	PO경영연구원	1지점	1,000
	계	45지점	45,000

- PO터미널과 PO휴먼스의 직원 수는 같다.
- PO메이트의 공장 수는 PO휴먼스의 공장 수의 절반이다.
- PO메이트의 공장 수와 PO터미널의 공장 수를 합하면 PO기술투자의 공장 수와 같다.

① 3 ② 4
③ 5 ④ 6
⑤ 7

11 다음은 사무용 물품의 조달단가와 구매 효용성을 나타낸 것이다. 20억 원 이내에서 구매예산을 집행한다고 할 때, 정량적 기대효과 총합의 최댓값은? (단, 각 물품은 구매하지 않거나, 1개만 구매 가능하며 구매효용성 $= \dfrac{\text{정량적 기대효과}}{\text{조달단가}}$ 이다.)

물품 구분	A	B	C	D	E	F	G	H
조달단가(억 원)	3	4	5	6	7	8	10	16
구매 효용성	1	0.5	1.8	2.5	1	1.75	1.9	2

① 35 ② 36
③ 37 ④ 38
⑤ 39

12 다음은 연도별 임신과 출산 관련 진료비에 관한 자료이다. 2010년 대비 2015년에 가장 높은 증가율을 보인 항목은? (단, 소수 둘째 자리에서 반올림한다)

(단위 : 억 원)

연도 진료항목	2010	2011	2012	2013	2014	2015
분만	3,295	3,008	2,716	2,862	2,723	2,909
검사	97	395	526	594	650	909
임신장애	607	639	590	597	606	619
불임	43	74	80	105	132	148
기타	45	71	53	52	54	49
전체	4,087	4,187	3,965	4,210	4,165	4,634

① 분만 ② 검사
③ 임신장애 ④ 불임
⑤ 기타

13 다음은 최근 5년간 혼인형태별 평균연령에 관한 자료이다. A~E에 들어갈 값으로 옳지 않은 것은? (단, 남성의 나이는 여성의 나이보다 항상 많다)

(단위 : 세)

연도	평균 초혼연령			평균 이혼연령			평균 재혼연령		
	여성	남성	남녀차	여성	남성	남녀차	여성	남성	남녀차
2013	24.8	27.8	3.0	C	36.8	4.1	34.0	38.9	4.9
2014	25.4	28.4	A	34.6	38.4	3.8	35.6	40.4	4.8
2015	26.5	29.3	2.8	36.6	40.1	3.5	37.5	42.1	4.6
2016	27.0	B	2.8	37.1	40.6	3.5	37.9	E	4.3
2017	27.3	30.1	2.8	37.9	41.3	D	38.3	42.8	4.5

① A - 3.0 ② B - 29.8
③ C - 32.7 ④ D - 3.4
⑤ E - 42.3

14 다음은 2015~2017년도의 지방자치단체 재정력지수에 대한 자료이다. 매년 지방자치단체의 기준재정수입액이 기준재정수요액에 미치지 않는 경우, 중앙정부는 그 부족분만큼의 지방교부세를 당해년도에 지급한다고 할 때, 3년간 지방교부세를 지원받은 적이 없는 지방자치단체는 모두 몇 곳인가?

$$(재정력지수 = \frac{기준재정수입액}{기준재정수요액})$$

지방 자치단체＼연도	2005	2006	2007	평균
서울	1.106	1.088	1.010	1.068
부산	0.942	0.922	0.878	0.914
대구	0.896	0.860	0.810	0.855
인천	1.105	0.984	1.011	1.033
광주	0.772	0.737	0.681	0.730
대전	0.874	0.873	0.867	0.871
울산	0.843	0.837	0.832	0.837
경기	1.004	1.065	1.032	1.034
강원	0.417	0.407	0.458	0.427
충북	0.462	0.446	0.492	0.467
충남	0.581	0.693	0.675	0.650
전북	0.379	0.391	0.408	0.393
전남	0.319	0.330	0.320	0.323
경북	0.424	0.440	0.433	0.432
경남	0.653	0.642	0.664	0.653

① 0곳   ② 1곳
③ 2곳   ④ 3곳
⑤ 5곳

15 다음은 푸르미네의 에너지 사용량과 연료별 탄소배출량 및 수종(樹種)별 탄소흡수량을 나타낸 것이다. 푸르미네 가족의 월간 탄소배출량과 나무의 월간 탄소흡수량을 같게 하기 위한 나무의 올바른 조합을 고르면?

■ 푸르미네의 에너지 사용량

연료	사용량
전기	420kWh/월
상수도	40m³/월
주방용 도시가스	60m³/월
자동차 가솔린	160ℓ /월

■ 연료별 탄소배출량

연료	탄소배출량
전기	0.1kg/kWh
상수도	0.2kg/m³
주방용 도시가스	0.3kg/m³
자동차 가솔린	0.5kg/ℓ

■ 수종별 탄소흡수량

수종	탄소흡수량
소나무	14kg/그루 · 월
벚나무	6kg/그루 · 월

① 소나무 4그루와 벚나무 12그루
② 소나무 6그루와 벚나무 9그루
③ 소나무 7그루와 벚나무 10그루
④ 소나무 8그루와 벚나무 6그루
⑤ 소나무 9그루와 벚나무 4그루

▌16~17 ▌ 다음은 우리나라의 다문화 신혼부부의 남녀 출신국적별 비중을 나타낸 자료이다. 다음 자료를 보고 이어지는 물음에 답하시오.

□ 2017~2018년도 다문화 신혼부부 현황

(단위 : 쌍, %)

남편	2017년	2018년	아내	2017년	2018년
결혼건수	94,962 (100.0)	88,929 (100.0)	결혼건수	94,962 (100.0)	88,929 (100.0)
한국국적	72,514 (76.4)	66,815 (75.1)	한국국적	13,789 (14.5)	13,144 (14.8)
외국국적	22,448 (23.6)	22,114 (24.9)	외국국적	81,173 (85.5)	75,785 (85.2)

□ 부부의 출신국적별 구성비

(단위 : %)

남편		2017년	2018년	아내		2017년	2018년
출신국적별구성비	중국	44.2	43.4	출신국적별구성비	중국	39.1	38.4
	미국	16.9	16.8		베트남	32.3	32.6
	베트남	5.0	6.9		필리핀	8.4	7.8
	일본	7.5	6.5		일본	3.9	4.0
	캐나다	4.8	4.6		캄보디아	3.7	3.4
	대만	2.3	2.3		미국	2.3	2.6
	영국	2.1	2.2		태국	1.8	2.3
	파키스탄	2.2	1.9		우즈벡	1.3	1.4
	호주	1.8	1.7		대만	1.0	1.2
	프랑스	1.1	1.3		몽골	1.0	1.1
	뉴질랜드	1.1	1.1		캐나다	0.7	0.8
	기타	10.9	11.1		기타	4.4	4.6
계		99.9	99.8	계		99.9	100.2

16 위의 자료를 바르게 해석한 것을 모두 고르면?

㈎ 2018년에는 우리나라 남녀 모두 다문화 배우자와 결혼하는 경우가 전년보다 감소하였다.

㈏ 다문화 신혼부부 전체의 수는 2018년에 전년대비 약 6.35%의 증감률을 보여, 증가하였음을 알 수 있다.

㈐ 전년대비 2018년에 출신국적별 구성비가 남녀 모두 증가한 나라는 베트남과 기타 국가이다.

㈑ 다문화 신혼부부 중, 중국인과 미국인 남편, 중국인과 베트남인 아내는 두 시기 모두 50% 이상의 비중을 차지한다.

① ㈎, ㈏, ㈐
② ㈎, ㈏, ㈑
③ ㈎, ㈐, ㈑
④ ㈏, ㈐, ㈑
⑤ ㈎, ㈏, ㈐, ㈑

17 다음 중 일본인이 남편인 다문화 신혼부부의 수가 비교 시기 동안 변동된 수치는 얼마인가? (단, 신혼부부의 수는 소수점 이하 절삭하여 정수로 표시함)

① 246쌍
② 235쌍
③ 230쌍
④ 223쌍
⑤ 330쌍

18 다음에 제시되는 두 개의 명제를 전제로 할 때, 결론 A, B에 대한 주장으로 알맞은 것은?

명제 1. 등산을 좋아하는 사람 중에는 낚시를 좋아하는 사람도 있다.

명제 2. 골프를 좋아하는 사람은 등산을 좋아하지만, 낚시는 좋아하지 않는다.

결론 A. 등산을 좋아하는 사람 모두가 골프를 좋아하는 사람일 수 있다.

결론 B. 낚시를 좋아하는 사람 모두가 등산을 좋아하는 사람일 수 있다.

① A만 옳다.
② B만 옳다.
③ A, B 모두 옳다.
④ A, B 모두 옳지 않다.
⑤ 옳은지 그른지 알 수 없다.

19 다음 조건을 바탕으로 할 때, 김 교수의 연구실 위치한 건물과 오늘 갔던 서점이 위치한 건물을 순서대로 올바르게 짝지은 것은?

- 최 교수, 김 교수, 정 교수의 연구실은 경영관, 문학관, 홍보관 중 한 곳에 있으며 서로 같은 건물에 있지 않다.
- 이들은 오늘 각각 자신의 연구실이 있는 건물이 아닌 다른 건물에 있는 서점에 갔었으며, 서로 같은 건물의 서점에 가지 않았다.
- 정 교수는 홍보관에 연구실이 있으며, 최 교수와 김 교수는 오늘 문학관 서점에 가지 않았다.
- 김 교수는 정 교수가 오늘 갔던 서점이 있는 건물에 연구실이 있다.

① 문학관, 경영관
② 경영관, 경영관
③ 홍보관, 홍보관
④ 문학관, 홍보관
⑤ 경영관, 문학관

20 다음 중 위 네 가지 모델에 대한 설명으로 옳은 것을 〈보기〉에서 모두 고르면?

〈보기〉
㉮ 충전시간 당 통화시간이 긴 제품일수록 음악재생시간이 길다.
㉯ 충전시간 당 통화시간이 5시간 이상인 것은 A, D모델이다.
㉰ A모델은 통화에, C모델은 음악재생에 더 많은 배터리가 사용된다.
㉱ B모델의 통화시간을 10시간으로 제한하면 음악재생시간을 C모델과 동일하게 유지할 수 있다.

① ㉮, ㉯
② ㉯, ㉱
③ ㉰, ㉱
④ ㉮, ㉰
⑤ ㉯, ㉰

21 다음 중 점원이 K씨에게 추천한 빈칸의 제품이 순서대로 올바르게 짝지어진 것은 어느 것인가?

	K씨	선물
①	C모델	A모델
②	C모델	D모델
③	A모델	C모델
④	A모델	B모델
⑤	A모델	D모델

┃20~21┃ 다음은 블루투스 이어폰을 구매하기 위하여 전자제품 매장을 찾은 K씨가 제품 설명서를 보고 점원과 나눈 대화와 설명서 내용의 일부이다. 다음을 보고 이어지는 물음에 답하시오.

K씨 : "블루투스 이어폰을 좀 사려고 합니다."
점원 : "네 고객님, 어떤 조건을 원하시나요?"
K씨 : "제 것과 친구에게 선물할 것 두 개를 사려고 하는데요, 두 개 모두 가볍고 배터리 사용시간이 좀 길었으면 합니다. 무게는 42g까지가 적당할 거 같고요, 저는 충전시간이 짧으면서도 통화시간이 긴 제품을 원해요. 선물하려는 제품은요, 일주일에 한 번만 충전해도 통화시간이 16시간은 되어야 하고, 음악은 운동하면서 매일 하루 1시간씩만 들을 수 있으면 돼요. 스피커는 고감도인 게 더 낫겠죠."
점원 : "그럼 고객님께는 ( )모델을, 친구 분께 드릴 선물로는 ( )모델을 추천해 드립니다."

〈제품 설명서〉

구분	무게	충전시간	통화시간	음악재생시간	스피커감도
A모델	40.0g	2.2H	15H	17H	92db
B모델	43.5g	2.5H	12H	14H	96db
C모델	38.4g	3.0H	12H	15H	94db
D모델	42.0g	2.2H	13H	18H	85db

※ A, B모델 : 통화시간 1시간 감소 시 음악재생시간 30분 증가
※ C, D모델 : 음악재생시간 1시간 감소 시 통화시간 30분 증가

22 다음은 행복 아파트의 애완동물 사육규정의 일부이다. 다음과 같은 규정을 참고할 때, 거주자들에게 안내되어야 할 사항으로 적절하지 않은 것은?

제4조 (애완동물 사육 시 준수사항)

① 애완동물은 훈련을 철저히 하며 항상 청결상태를 유지하고, 소음발생 등으로 입주자 등에게 피해를 주지 않아야 한다.

② 애완동물의 사육은 규정된 종류의 동물에 한하며, 년 ○회 이상 정기검진을 실시하고 진드기 및 해충기생 등의 예방을 철저히 하여야 한다.

③ 애완동물을 동반하여 승강기에 탑승할 경우 반드시 안고 탑승, 타인에게 공포감을 주지 말아야 한다.

④ 애완동물과 함께 산책할 경우 반드시 목줄을 사용하여야 하며, 배설물을 수거할 수 있는 장비를 지참하여 즉시 수거하여야 한다.

⑤ 애완동물을 동반한 야간 외출 시 손전등을 휴대하여 타인에게 공포감을 주지 않도록 하여야 한다.

⑥ 앞, 뒤 베란다 배수관 및 베란다 밖으로 배변처리를 금지한다.

⑦ 애완동물과 함께 체육시설, 화단 등 공공시설의 출입은 금지한다.

제5조 (애완동물 사육에 대한 동의)

① 애완견동물을 사육하고자 하는 세대에서는 단지 내 애완동물 동호회를 만들거나 가입하여 공공의 이익을 위하여 활동할 수 있다.

② 애완동물을 사육하는 세대는 사육 동물의 종류와 마리 수를 관리실에 고지해야 하며 애완동물을 제외한 기타 가축을 사육하고자 하는 세대에서는 반드시 관리실의 동의를 구하여야 한다.

③ 애완동물 사육 시 해당동의 라인에서 입주민 다수의 민원(반상회 건의 등)이 있는 세대에는 재발방지를 위하여 서약서를 징구할 수 있으며, 이후 재민원이 발생할 경우 관리규약에 의거하여 애완동물을 사육할 수 없도록 한다.

④ 세대 당 애완동물의 사육두수는 ○마리로 제한한다.

제6조 (환경보호)

① 애완동물을 사육하는 세대는 동호회에서 정기적으로 실시하는 단지 내 공용부분의 청소에 참여하여야 한다.

② 청소는 동호회에서 관리하며, 청소에 참석하지 않는 세대는 동호회 회칙으로 정한 청소비를 납부하여야 한다.

---

① "애완동물 동호회에 가입하지 않으신 애완동물 사육 세대에서도 공용부분 청소에 참여하셔야 합니다."

② "애완동물을 사육하는 세대는 사육 동물의 종류와 마리 수를 관리실에 반드시 고지하셔야 합니다."

③ "단지 내 주민 체육관에는 애완동물을 데리고 입장하실 수 없으니 착오 없으시기 바랍니다."

④ "애완동물을 동반하고 이동하실 경우, 승강기 이용이 제한되오니 반드시 계단을 이용해 주시기 바랍니다."

⑤ "애완동물 사육에 따른 주민들의 불편이 가중될 경우 사육이 금지될 수도 있으니 이 점 양해 바랍니다."

---

23 K공사에서는 신도시 건설 예상 지역에 철로 연결과 관련한 사업 타당성 조사를 벌여 다음과 같은 SWOT 환경 분석 보고서를 작성하고 그에 맞는 전략을 제시하였다. 다음 자료를 참고하여 세운 전략이 적절하지 않은 것은 어느 것인가?

SWOT 분석은 내부 환경요인과 외부 환경요인의 2개의 축으로 구성되어 있다. 내부 환경요인은 자사 내부의 환경을 분석하는 것으로 분석은 다시 자사의 강점과 약점으로 분석된다. 외부환경요인은 자사 외부의 환경을 분석하는 것으로 분석은 다시 기회와 위협으로 구분된다. 내부 환경요인과 외부 환경요인에 대한 분석이 끝난 후에 매트릭스가 겹치는 SO, WO, ST, WT에 해당되는 최종 분석을 실시하게 된다. 내부의 강점과 약점을, 외부의 기회와 위협을 대응시켜 기업의 목표를 달성하려는 SWOT분석에 의한 발전전략의 특성은 다음과 같다.

• SO전략 : 외부 환경의 기회를 활용하기 위해 강점을 사용하는 전략 선택

• ST전략 : 외부 환경의 위협을 회피하기 위해 강점을 사용하는 전략 선택

• WO전략 : 자신의 약점을 극복함으로써 외부 환경의 기회를 활용하는 전략 선택

• WT전략 : 외부 환경의 위협을 회피하고 자신의 약점을 최소화하는 전략 선택

강점 (Strength)	• 철로 건설에 따른 수익률 개선 및 주변 지역 파급효과 기대 • K공사의 축적된 기술력과 노하우
약점 (Weakness)	• 해당 지역 연락사무소 부재로 원활한 업무 기대난망 • 과거 건설사고 경험으로 인한 계약 낙찰 불투명
기회 (Opportunity)	• 현지 가용한 근로인력 다수 확보 가능 • 신도시 건설 예상지이므로 정부의 규제 및 제도적 지원 가능
위협 (Threat)	• 지반 문제로 인한 철로 건설비용 증가 예상 • 경쟁업체와의 극심한 경쟁 예상

---

① 자사의 우수한 기술력을 통해 경쟁을 극복하려는 것은 ST전략이다.

② 입찰 전이라도 현지에 연락사무소를 미리 설치하여 경쟁업체의 동향을 파악해 보는 것은 WT전략이다.

③ 현지에 근로인력에게 자사의 기술을 교육 및 전수하여 공사를 진행하려는 것은 SO전략이다.

④ 건설비용 추가 발생 우려가 있으나 인근 지역 개발 기회가 부여될 수 있다는 기대감에 중점을 두는 것은 WO전략이다.

⑤ 사고 경험은 경쟁사와의 경쟁에 치명적 약점이 될 수 있으므로 우수 건설 사례를 찾아 적극 홍보하려는 전략은 WT전략이다.

24 공연기획사인 A사는 이번에 주최한 공연을 보러 오는 관객을 기차역에서 공연장까지 버스로 수송하기로 하였다. 다음의 표와 같이 공연 시작 4시간 전부터 1시간 단위로 전체 관객 대비 기차역에 도착하는 관객의 비율을 예측하여 버스를 운행하고자 하며, 공연 시작 시간 전까지 관객을 모두 수송해야 한다. 다음을 바탕으로 예상한 수송 시나리오 중 옳은 것을 모두 고르면?

▣ 전체 관객 대비 기차역에 도착하는 관객의 비율

시각	전체 관객 대비 비율(%)
공연 시작 4시간 전	a
공연 시작 3시간 전	b
공연 시작 2시간 전	c
공연 시작 1시간 전	d
계	100

- 전체 관객 수는 40,000명이다.
- 버스는 한 번에 대당 최대 40명의 관객을 수송한다.
- 버스가 기차역과 공연장 사이를 왕복하는 데 걸리는 시간은 6분이다.

▣ 예상 수송 시나리오

㉠ a = b = c = d = 25라면, 회사가 전체 관객을 기차역에서 공연장으로 수송하는 데 필요한 버스는 최소 20대이다.

㉡ a = 10, b = 20, c = 30, d = 40이라면, 회사가 전체 관객을 기차역에서 공연장으로 수송하는 데 필요한 버스는 최소 40대이다.

㉢ 만일 공연이 끝난 후 2시간 이내에 전체 관객을 공연장에서 기차역까지 버스로 수송해야 한다면, 이때 회사에게 필요한 버스는 최소 50대이다.

① ㉠

② ㉡

③ ㉠, ㉡

④ ㉠, ㉢

⑤ ㉡, ㉢

25 다음은 국고보조금의 계상과 관련된 법조문이다. 이를 근거로 제시된 상황을 판단할 때, 2016년 정당에 지급할 국고보조금 총액은?

제00조(국고보조금의 계상)

① 국가는 정당에 대한 보조금으로 최근 실시한 임기만료에 의한 국회의원선거의 선거권자 총수에 보조금 계상단가를 곱한 금액을 매년 예산에 계상하여야 한다.

② 대통령선거, 임기만료에 의한 국회의원선거 또는 동시지방선거가 있는 연도에는 각 선거(동시지방선거는 하나의 선거로 본다)마다 보조금 계상단가를 추가한 금액을 제1항의 기준에 의하여 예산에 계상하여야 한다.

③ 제1항 및 제2항에 따른 보조금 계상단가는 전년도 보조금 계상단가에 전전년도와 대비한 전년도 전국소비자물가 변동률을 적용하여 산정한 금액을 증감한 금액으로 한다.

④ 중앙선거관리위원회는 제1항의 규정에 의한 보조금(경상보조금)은 매년 분기별로 균등분할하여 정당에 지급하고, 제2항의 규정에 의한 보조금(선거보조금)은 당해 선거의 후보자등록마감일 후 2일 이내에 정당에 지급한다.

- 2014년 실시된 임기만료에 의한 국회의원선거의 선거권자 총수는 3천만 명이었고, 국회의원 임기는 4년이다.
- 2015년 정당에 지급된 국고보조금의 보조금 계상단가는 1,000원이었다.
- 전국소비자물가 변동률을 적용하여 산정한 보조금 계상단가는 전년 대비 매년 30원씩 증가한다.
- 2016년에는 5월에 대통령선거가 있고 8월에 임기만료에 의한 동시지방선거가 있다. 각 선거의 한 달 전에 후보자등록을 마감한다.
- 2017년에는 대통령선거, 임기만료에 의한 국회의원선거 또는 동시지방선거가 없다.

① 600억 원

② 618억 원

③ 900억 원

④ 927억 원

⑤ 953억 원

>> 직무수행능력평가(토목일반)

26 다음 중 노선측량에 대한 용어 설명 중 옳지 않은 것은?

① 교점 : 방향이 변하는 두 직선이 교차하는 점

② 중심말뚝 : 노선의 시점, 종점 및 교점에 설치하는 말뚝

③ 복심곡선 : 반지름이 서로 다른 두 개 또는 그 이상의 원호가 연결된 곡선으로 공통접선의 같은 쪽에 원호의 중심이 있는 곡선

④ 완화곡선 : 고속으로 이동하는 차량이 직선부에서 곡선부로 진입할 때 차량의 원심력을 완화하기 위해 설치하는 곡선

27 지반의 높이를 비교할 때 사용하는 기준면은?

① 표고(elevation)

② 수준면(level surface)

③ 수평면(horizontal plane)

④ 평균해수면(mean sea level)

28 축척 1 : 500 지형도를 기초로 하여 축척 1 : 5,000의 지형도를 같은 크기로 편찬하려 한다. 축척 1 : 5,000 지형도 1장을 만들기 위한 축척 1 : 500 지형도의 매수는?

① 50매

② 100매

③ 150매

④ 250매

29 100[m²]인 정사각형 토지의 면적을 0.1[m²]까지 정확하게 구하고자 한다면 이에 필요한 거리관측의 정확도는?

① 1:2,000

② 1:1,000

③ 1:500

④ 1:300

30 교호수준측량에서 A점의 표고가 55.00[m]이고 $a_1=1.34$[m], $b_1=1.14$[m], $a_2=0.84$[m], $b_2=0.56$[m]일 때 B점의 표고는?

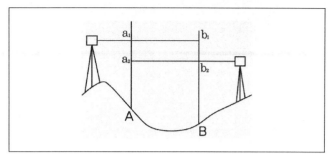

① 55.24[m]

② 56.48[m]

③ 55.22[m]

④ 56.42[m]

31 흙의 투수계수에 영향을 미치는 요소들로만 구성된 것은?

㉠ 흙입자의 크기
㉡ 간극비
㉢ 간극의 모양과 배열
㉣ 활성도
㉤ 물의 점성계수
㉥ 포화도
㉦ 흙의 비중

① ㉠㉡㉣㉥

② ㉠㉡㉢㉤㉥

③ ㉠㉡㉣㉤㉦

④ ㉡㉢㉤㉦

32 다음 중 투수계수에 대한 설명으로 바르지 않은 것은?

① 투수계수는 간극비가 클수록 크다.

② 투수계수는 흙의 입자가 클수록 크다.

③ 투수계수는 물의 온도가 높을수록 크다.

④ 투수계수는 물의 단위중량에 반비례한다.

33 크기가 30cm×30cm의 평판을 이용하여 사질토 위에서 평판 재하시험을 실시하고 극한지지력 20t/m²을 얻었다. 크기가 1.8m×1.8m인 정사각형기초의 총허용하중은 약 얼마인가? (단, 안전율은 3을 적용한다)

① 22ton

② 66ton

③ 130ton

④ 150ton

34 다음 표의 집중호우가 자기기록지에 기록되었다. 지속기간이 20분 동안의 최대강우강도는?

시간(분)	5	10	15	20	25	30	35	40
누가우량(mm)	2	5	10	20	35	40	43	45

① 95[mm/hr]

② 105[mm/hr]

③ 115[mm/hr]

④ 135[mm/hr]

35 대기의 온도 t_1, 상대습도 70%인 상태에서 증발이 진행되었다. 온도가 t_2로 상승하고 대기중의 증기압이 20% 증가하였다면 온도 t_1 및 t_2에서의 포화증기압이 각각 10.0[mmHg] 및 14.0[mmHg]라고 할 때 온도 t_2에서의 상대습도는?

① 50%

② 60%

③ 70%

④ 80%

36 다음 중 누가우량곡선(Rainfall mass curve)의 특성으로 바른 것은?

① 누가우량곡선의 경사가 클수록 강우강도가 크다.

② 누가우량곡선의 경사는 지역에 관계없이 일정하다.

③ 누가우량곡선으로 일정기간 내의 강우량을 산출할 수는 없다.

④ 누가우량곡선은 자기우량 기록에 의해 작성하는 것보다 보통 우량계의 기록에 의하여 작성하는 것이 더 정확하다.

37 물체의 공기 중 무게가 750[N]이고 물속에서의 무게는 250[N]일 때 이 물체의 체적은? (단, 무게 1kg중 = 10[N])

① 0.05[m³]

② 0.06[m³]

③ 0.50[m³]

④ 0.60[m³]

38 다음 중 유출(Runoff)에 대한 설명으로 바르지 않은 것은?

① 비가 오기 전의 유출을 기저유출이라 한다.

② 우량은 별도의 손실없이 그 전량이 하천으로 유출된다.

③ 일정기간에 하천으로 유출되는 수량의 합을 유출량이라 한다.

④ 유출량과 그 기간의 강수량과의 비(比)를 유출계수 또는 유출률이라고 한다.

39 토양면을 통해 스며든 물이 중력의 영향 때문에 지하로 이동하여 지하수면까지 도달하는 현상은?

① 침투(infiltration)

② 침투능(infiltration capacity)

③ 침투율(infiltration rate)

④ 침루(percolation)

40 옹벽의 구조해석에 대한 설명으로 바르지 않은 것은?

① 저판의 뒷굽판은 정확한 방법이 사용되지 않는 한, 뒷굽판 상부에 재하되는 모든 하중을 지지하도록 설계해야 한다.

② 부벽식 옹벽의 전면벽은 저판에 지지된 캔틸레버로 설계해야 한다.

③ 부벽식 옹벽의 저판은 정밀한 해석이 사용되지 않는 한, 부벽 사이의 거리를 경간으로 가정한 고정보 또는 연속보로 설계할 수 있다.

④ 뒷부벽은 T형보로 설계해야 하며, 앞부벽은 직사각형보로 설계해야 한다.

41 다음 중 강도설계법의 기본 가정으로 바르지 않은 것은?

① 철근과 콘크리트의 변형률은 중립축에서의 거리에 비례한다고 가정한다.

② 콘크리트 압축연단의 극한변형률은 0.003으로 가정한다.

③ 철근의 응력이 설계기준항복강도(f_y) 이상일 때 철근의 응력은 그 변형률에 E_s를 곱한 값으로 한다.

④ 콘크리트의 인장강도는 철근콘크리트의 휨 계산에서 무시한다.

42 단면이 400×500[mm]이고, 150[mm²]의 PSC강선 4개를 단면도심축에 배치한 프리텐션 PSC부재가 있다. 초기프리스트레스가 1,000[MPa]일 때 콘크리트의 탄성변형에 의한 프리스트레스 감소량은? (단, $n = 6$)

① 22[MPa]

② 20[MPa]

③ 18[MPa]

④ 16[MPa]

43 다음 중 철근콘크리트 보에서 사인장철근이 부담하는 주된 응력은?

① 부착응력

② 전단응력

③ 지압응력

④ 휨인장응력

44 용접작업 중 일반적인 주의사항에 대한 내용으로 바르지 않은 것은?

① 구조상 중요한 부분을 지정하여 집중 용접한다.

② 용접은 수축이 큰 이음을 먼저 용접하고, 수축이 작은 이음은 나중에 한다.

③ 앞의 용접에서 생긴 변형을 다음 용접에서 제거할 수 있도록 진행시킨다.

④ 특히 비틀어지지 않게 평행한 용접은 같은 방향으로 할 수 있으며 동시에 용접을 한다.

45 다음 그림과 같은 단철근 직사각형보가 공칭휨강도(M_n)에 도달할 때 인장철근의 변형률은 얼마인가? (단, 철근 D22 4개의 단면적 1,548mm², $f_{ck} = 35$MPa, $f_y = 400$MPa)

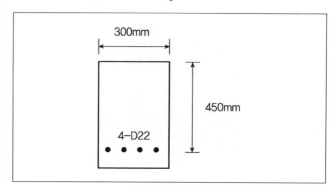

① 0.0102

② 0.0126

③ 0.0186

④ 0.0198

46 다음 그림의 PSC콘크리트보에서 PS강재를 포물선으로 배치하여 프리스트레스 $P = 1,000$kN이 작용할 때 프리스트레스의 상향력은? (단, 보 단면은 $b = 300$mm, $h = 600$mm이고 $s = 250$mm이다)

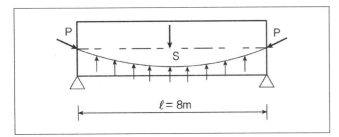

① 51.65kN/m

② 41.76kN/m

③ 31.25kN/m

④ 21.38kN/m

47 다음 인장부재의 수직변위를 구하는 식으로 바른 것은? (단, 탄성계수는 E이다.)

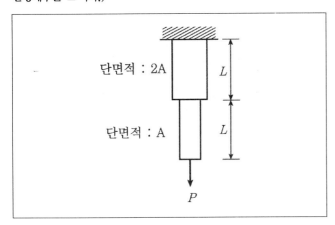

① $\dfrac{PL}{EA}$

② $\dfrac{3PL}{2EA}$

③ $\dfrac{2PL}{EA}$

④ $\dfrac{5PL}{2EA}$

48 다음 그림과 같이 속이 빈 직사각형 단면의 최대 전단응력은? (단, 전단력은 $2t$이다)

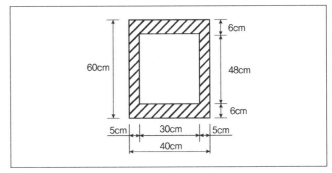

① $2.125[\mathrm{kg/cm^2}]$

② $3.22[\mathrm{kg/cm^2}]$

③ $4.125[\mathrm{kg/cm^2}]$

④ $4.22[\mathrm{kg/cm^2}]$

49 다음에서 부재 BC에 걸리는 응력의 크기는?

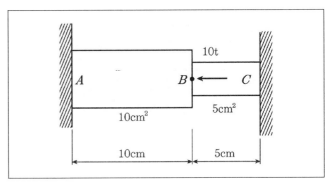

① $\dfrac{2}{3}[\mathrm{t/cm^2}]$

② $1[\mathrm{t/cm^2}]$

③ $\dfrac{3}{2}[\mathrm{t/cm^2}]$

④ $2[\mathrm{t/cm^2}]$

50 다음 그림과 같은 트러스의 상현재 U의 부재력은?

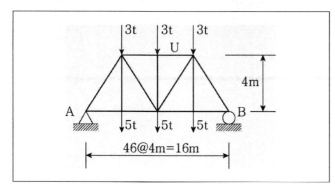

① 인장을 받으며 그 크기는 16t이다.

② 압축을 받으며 그 크기는 16t이다.

③ 인장을 받으며 그 크기는 12t이다.

④ 압축을 받으며 그 크기는 12t이다.

코레일
(한국철도공사)
필기시험 모의고사

- 토목 -

제 2 회	영 역	직업기초능력평가(의사소통능력, 수리능력, 문제해결능력)
		직무수행능력평가(토목일반)
	문항수	25문항, 25문항
	시 간	60분
	비 고	객관식 5지선다형, 객관식 4지선다형

제 2 회   필기시험 모의고사

>> 직업기초능력평가

1 다음 중 ㉠과 동일한 의미로 쓰인 것은?

화학반응이 일어나기 위해서는 반드시 어느 정도의 에너지 장벽을 넘어야만 한다. 반응물의 에너지가 생성물의 에너지보다 작은 경우는 당연히 말할 것도 없거니와 반응물의 에너지가 생성물의 에너지보다 큰 경우에도 마찬가지다. 에너지 장벽을 낮추는 것은 화학반응의 속도를 증가시키고 에너지 장벽을 높이는 것은 화학반응의 속도를 감소시킨다. 에너지 장벽의 높이를 조절하는 물질을 화학반응의 촉매라고 한다. 촉매에는 에너지 장벽을 낮추는 정촉매도 있지만 장벽을 높이는 부촉매도 있다.

촉매는 산업 생산에서 요긴하게 활용된다. 특히, 수요가 큰 화학제품을 생산하는 경우 충분히 빠른 화학반응 속도를 얻는 것이 중요하다. 반응 속도가 충분히 빠르지 않으면 생산성이 떨어져 경제성이 악화된다. 생산 공정에서는 반응로의 온도를 높여서 반응 속도를 증가시킨다. 이 때 적절한 촉매를 사용하면, 그런 비용을 획기적으로 절감하면서 생산성을 ㉠높이는 것이 가능하다.

그러나 반응하는 분자들이 복잡한 구조를 지닐 경우에는 반응에 얽힌 상황도 더 복잡해져서 촉매의 투입만으로는 반응 속도를 조절하기 어려워진다. 그런 분자들 간의 반응에서는 분자들이 서로 어떤 방향으로 충돌하는가도 문제가 된다. 즉 에너지 장벽을 넘어설 수 있을 만큼의 에너지가 주어지더라도 반응이 일어날 수 있는 올바른 방향으로 충돌하지 못할 경우에는 화학반응이 일어나지 않는다.

① 우리 회사는 제품의 관심도를 높이는 데 주력하고 있다.
② 회사에서 그의 직급을 과장으로 높여 주었다.
③ 자동차 타이어의 압력을 지나치게 높이면 사고의 가능성이 커진다.
④ 그녀는 우울한 기분을 떨쳐 버리려고 애써 목소리를 높여 말했다.
⑤ 아군의 사기를 높여야 이 싸움에 승산이 있다.

2 다음 중 밑줄 친 단어를 교체하기에 가장 적절한 것은?

프랑스의 과학기술학자인 브루노 라투르는 아파트 단지 등에서 흔히 보이는 과속방지용 둔덕을 통해 기술이 인간에게 어떤 역할을 수행하는지를 흥미롭게 설명한다. 운전자들은 둔덕 앞에서 자연스럽게 속도를 줄인다. 그런데 운전자가 이렇게 하는 이유는 이웃을 생각해서가 아니라, 빠른 속도로 둔덕을 넘었다가는 차에 무리가 가기 때문이다. 즉 둔덕은 "타인을 위해 과속을 하면 안 된다."는 (사람들이 잘 지키지 않는) 도덕적 심성을 "과속을 하면 내 차에 고장이 날 수 있다."는 (사람들이 잘 지키는) 이기적 태도로 바꾸는 역할을 한다. 라투르는 과속방지용 둔덕을 "잠자는 경찰"이라고 부르면서, 이것이 교통경찰의 역할을 대신한다고 보았다. 이렇게 라투르는 인간이 했던 역할을 기술이 대신 수행함으로써 우리 사회의 훌륭한 행위자가 된다고 하였다.

라투르는 총기의 예도 즐겨 사용한다. 총기 사용 규제를 주장하는 사람들은 총이 없으면 일어나지 않을 살인 사건이 총 때문에 발생한다고 주장한다. 반면에 총기 사용 규제에 반대하는 그룹은 살인은 사람이 저지르는 것이며, 총은 중립적인 도구일 뿐이라고 주장한다. 라투르는 전자를 기술결정론, 후자를 사회결정론으로 분류하면서 이 두 가지 입장을 모두 비판한다. 그의 주장은 사람이 총을 가짐으로써 사람도 바뀌고 총도 바뀐다는 것이다. 즉 총과 사람의 합체라는 잡종이 새로운 행위자로 등장하며, 이 잡종 행위자는 이전에 가졌던 목표와는 다른 목표를 가지게 된다. 예를 들어, 원래는 다른 사람에게 겁만 주려 했는데, 총이 손에 쥐어져 있어 살인을 저지르게 되는 식이다.

라투르는 서양의 학문이 자연, 사회, 인간만을 다루어 왔다고 강하게 비판한다. 라투르에 따르면 서양의 학문은 기술과 같은 '비인간'을 학문의 대상에서 제외했다. 과학이 자연을 탐구하려면 기술이 바탕이 되는 실험기기에 의존해야 하지만, 과학은 기술을 학문 대상이 아닌 도구로 취급했다. 사회 구성 요소 중에 가장 중요한 것은 기술이지만, 사회과학자들은 기술에는 관심이 거의 없었다. 철학자들은 인간을 주체/객체로 나누면서, 기술을 저급하고 수동적인 대상으로만 취급했다. 그 결과 기술과 같은 비인간이 제외된 자연과 사회가 근대성의 핵심이 되었다. 결국 라투르는 행위자로서 기술의 능동적 역할에 주목하면서, 이를 통해 서구의 근대적 과학과 철학이 범했던 자연/사회, 주체/객체의 이분법을 극복하고자 하였다.

① 반하는
② 범하는
③ 전달하는
④ 중립적인
⑤ 이용하는

3 보기의 문장이 들어갈 위치로 적절한 것은?

백 명의 학생들을 두 집단으로 나누어 그 중 한 집단에게는 실제로 동전을 백 번 던져서 그 결과를 종이에 기록하라고 하고, 다른 집단에게는 동전을 백 번 던진다고 상상하여 그 결과가 최대한 실제로 던진 것처럼 보이도록 기록하라고 지시했다. ㉠ 전자를 '실제 기록', 후자를 '상상 기록'이라고 하자. 기록을 작성한 학생 말고는 누구도 어느 것이 실제 기록이고 어느 것이 상상 기록인지 모른다. ㉡ 우리의 과제는 기록의 내용을 보고 실제 기록 집단과 상상 기록 집단을 구분해내는 것이다. 그런데 다음과 같은 점들을 염두에 둔다면, 우리는 이 과제를 꽤 성공적으로 수행할 수 있다. ㉢

정상적인 동전을 실제로 던졌을 때 앞면이 나올 확률과 뒷면이 나올 확률은 모두 1/2이다. 그 동전을 두 번 던져 모두 앞면이 나올 확률은 1/4이다. 동전 던지기 횟수를 늘렸을 때 확률이 어떻게 변하는지 보려면 그저 계속 곱하기만하면 된다. ㉣ 결과는 1/64, 즉 2%도 되지 않는다. 그렇지만 이런 낮은 확률은 던진 횟수가 여섯 번일 때에만 해당하는 수치이다. 동전을 던지는 횟수를 증가시키면 같은 면이 여섯 번 연속으로 나올 확률이 높아진다. ㉤

〈보기〉
따라서 여섯 번 연속 앞면이 나올 확률은 1/2을 여섯 번 곱하면 된다.

① ㉠
② ㉡
③ ㉢
④ ㉣
⑤ ㉤

4 다음 사례와 어울리는 속담은?

최근 대입은 학생부종합전형이 대세라고 할 정도로 비중이 높아지고 있다. 이 전형에 대비하려면 학생들은 자신만의 스토리를 만들기 위해 필요한 공부를 학교생활에서 찾아가는 자세가 요구된다. 이를 반영하듯, 고등학교에 입학한 우현이는 독서활동, 교과공부에 시간을 투자하는 한편 일주일에 한 번씩 동아리에 모여 토론을 하며 생각의 깊이를 키우는 노력을 하고 있다.

① 무쇠도 갈면 바늘 된다.
② 아니 땐 굴뚝에 연기 날까.
③ 목마른 놈이 우물 판다.
④ 바늘 도둑이 소도둑 된다.
⑤ 떡 본 김에 제사지낸다.

5 다음 글에 대한 이해로 적절하지 않은 것은?

외국 통화에 대한 자국 통화의 교환 비율을 의미하는 환율은 장기적으로 한 국가의 생산성과 물가 등 기초 경제 여건을 반영하는 수준으로 수렴된다. 그러나 단기적으로 환율은 이와 괴리되어 움직이는 경우가 있다. 만약 환율이 예상과는 다른 방향으로 움직이거나 또는 비록 예상과 같은 방향으로 움직이더라도 변동 폭이 예상보다 크게 나타날 경우 경제 주체들은 과도한 위험에 노출될 수 있다. 환율이나 주가 등 경제 변수가 단기에 지나치게 상승 또는 하락하는 현상을 오버슈팅(overshooting)이라고 한다. 이러한 오버슈팅은 물가 경직성 또는 금융 시장 변동에 따른 불안 심리 등에 의해 촉발되는 것으로 알려져 있다. 여기서 물가 경직성은 시장에서 가격이 조정되기 어려운 정도를 의미한다.

물가 경직성에 따른 환율의 오버슈팅을 이해하기 위해 통화를 금융 자산의 일종으로 보고 경제 충격에 대해 장기와 단기에 환율이 어떻게 조정되는지 알아보자. 경제에 충격이 발생할 때 물가나 환율은 충격을 흡수하는 조정 과정을 거치게 된다. 물가는 단기에는 장기 계약 및 공공요금 규제 등으로 인해 경직적이지만 장기에는 신축적으로 조정된다. 반면 환율은 단기에서도 신축적인 조정이 가능하다. 이러한 물가와 환율의 조정 속도 차이가 오버슈팅을 초래한다. 물가와 환율이 모두 신축적으로 조정되는 장기에서의 환율은 구매력 평가설에 의해 설명되는데, 이에 의하면 장기의 환율은 자국 물가 수준을 외국 물가 수준으로 나눈 비율로 나타나며, 이를 균형 환율로 본다. 가령 국내 통화량이 증가하여 유지될 경우 장기에서는 자국 물가도 높아져 장기의 환율은 상승한다. 이때 통화량을 물가로 나눈 실질 통화량은 변하지 않는다.

그런데 단기에는 물가의 경직성으로 인해 구매력 평가설에 기초한 환율과는 다른 움직임이 나타나면서 오버슈팅이 발생할 수 있다. 가령 국내 통화량이 증가하여 유지될 경우, 물가가 경직적이어서 실질 통화량은 증가하고 이에 따라 시장 금리는 하락한다. 국가 간 자본 이동이 자유로운 상황에서, 시장 금리 하락은 투자의 기대 수익률 하락으로 이어져, 단기성 외국인 투자 자금이 해외로 빠져나가거나 신규 해외 투자 자금 유입을 위축시키는 결과를 초래한다. 이 과정에서 자국 통화의 가치는 하락하고 환율은 상승한다. 통화량의 증가로 인한 효과는 물가가 신축적인 경우에 예상되는 환율 상승에, 금리 하락에 따른 자금의 해외 유출이 유발하는 추가적인 환율 상승이 더해진 것으로 나타난다. 이러한 추가적인 상승 현상이 환율의 오버슈팅인데, 오버슈팅의 정도 및 지속성은 물가 경직성이 클수록 더 크게 나타난다. 시간이 경과함에 따라 물가가 상승하여 실질 통화량이 원래 수준으로 돌아오고 해외로 유출되었던 자금이 시장 금리의 반등으로 국내로 복귀하면서, 단기에 과도하게 상승했던 환율은 장기에는 구매력 평가설에 기초한 환율로 수렴된다.

① 환율의 오버슈팅이 발생한 상황에서 물가 경직성이 클수록 구매력 평가설에 기초한 환율로 수렴되는 데 걸리는 기간이 길어질 것이다.

② 환율의 오버슈팅이 발생한 상황에서 외국인 투자 자금이 국내 시장 금리에 민감하게 반응할수록 오버슈팅 정도는 커질 것이다.

③ 물가 경직성에 따른 환율의 오버슈팅은 물가의 조정 속도보다 환율의 조정 속도가 빠르기 때문에 발생하는 것이다.

④ 물가가 신축적인 경우가 경직적인 경우에 비해 국내 통화량 증가에 따른 국내 시장 금리 하락 폭이 작을 것이다.

⑤ 국내 통화량이 증가하여 유지될 경우 장기에는 실질 통화량이 변하지 않으므로 장기의 환율도 변함이 없을 것이다.

6 다음 글을 바탕으로 미루어 볼 때, 포퍼와 콰인이 모두 '아니요'라고 답변할 질문은 무엇인가?

논리실증주의자와 포퍼는 지식을 수학적 지식이나 논리학 지식처럼 경험과 무관한 것과 과학적 지식처럼 경험에 의존하는 것으로 구분한다. 그중 과학적 지식은 과학적 방법에 의해 누적된다고 주장한다. 가설은 과학적 지식의 후보가 되는 것인데, 그들은 가설로부터 논리적으로 도출된 예측을 관찰이나 실험 등의 경험을 통해 맞는지 틀리는지 판단함으로써 그 가설을 시험하는 과학적 방법을 제시한다. 논리실증주의자는 예측이 맞을 경우에, 포퍼는 예측이 틀리지 않는 한, 그 예측을 도출한 가설이 하나씩 새로운 지식으로 추가된다고 주장한다.

하지만 콰인은 가설만 가지고서 예측을 논리적으로 도출할 수 없다고 본다. 예를 들어 새로 발견된 금속 M은 열을 받으면 팽창한다는 가설만 가지고는 열을 받은 M이 팽창할 것이라는 예측을 이끌어낼 수 없다. 먼저 지금까지 관찰한 모든 금속은 열을 받으면 팽창한다는 기존의 지식과 M에 열을 가했다는 조건 등이 필요하다. 이렇게 예측은 가설, 기존의 지식들, 여러 조건 등을 모두 합쳐야만 논리적으로 도출된다는 것이다. 그러므로 예측이 거짓으로 밝혀지면 정확히 무엇 때문에 예측에 실패한 것인지 알 수 없다는 것이다. 이로부터 콰인은 개별적인 가설뿐만 아니라 기존의 지식들과 여러 조건 등을 모두 포함하는 전체 지식이 경험을 통한 시험의 대상이 된다는 총체주의를 제안한다.

논리실증주의자와 포퍼는 수학적 지식이나 논리학 지식처럼 경험과 무관하게 참으로 판별되는 분석 명제와, 과학적 지식처럼 경험을 통해 참으로 판별되는 종합 명제를 서로 다른 종류라고 구분한다. 그러나 콰인은 총체주의를 정당화하기 위해 이 구분을 부정하는 논증을 다음과 같이 제시한다. 논리실증주의자와 포퍼의 구분에 따르면 "총각은 총각이다."와 같은 동어 반복 명제와, "총각은 미혼의 성인 남성이다."처럼 동어 반복 명제로 환원할 수 있는 것은 모두 분석 명제이다. 그런데 후자

가 분석 명제인 까닭은 전자로 환원할 수 있기 때문이다. 이러한 환원이 가능한 것은 '총각'과 '미혼의 성인 남성'이 동의적 표현이기 때문인데 그게 왜 동의적 표현인지 물어보면, 이 둘을 서로 대체하더라도 명제의 참 또는 거짓이 바뀌지 않기 때문이라고 할 것이다. 하지만 이것만으로는 두 표현의 의미가 같다는 것을 보장하지 못해서, 동의적 표현은 언제나 반드시 대체 가능해야

한다는 필연성 개념에 다시 의존하게 된다. 이렇게 되면 동의적 표현이 동어 반복 명제로 환원 가능하게 하는 것이 되어, 필연성 개념은 다시 분석 명제 개념에 의존하게 되는 순환론에 빠진다. 따라서 콰인은 종합 명제와 구분되는 분석 명제가 존재한다는 주장은 근거가 없다는 결론에 도달한다.

콰인은 분석 명제와 종합 명제로 지식을 엄격히 구분하는 대신, 경험과 직접 충돌하지 않는 중심부 지식과, 경험과 직접 충돌할 수 있는 주변부 지식을 상정한다. 경험과 직접 충돌하여 참과 거짓이 쉽게 바뀌는 주변부 지식과 달리 주변부 지식의 토대가 되는 중심부 지식은 상대적으로 견고하다. 그러나 이 둘의 경계를 명확히 나눌 수 없기 때문에, 콰인은 중심부 지식과 주변부 지식을 다른 종류라고 하지 않는다. 수학적 지식이나 논리학 지식은 중심부 지식의 한가운데에 있어 경험에서 가장 멀리 떨어져 있지만 그렇다고 경험과 무관한 것은 아니라는 것이다. 그런데 주변부 지식이 경험과 충돌하여 거짓으로 밝혀지면 전체 지식의 어느 부분을 수정해야 할지 고민하게 된다. 주변부 지식을 수정하면 전체 지식의 변화가 크지 않지만 중심부 지식을 수정하면 관련된 다른 지식이 많기 때문에 전체 지식도 크게 변화하게 된다. 그래서 대부분의 경우에는 주변부 지식을 수정하는 쪽을 선택하겠지만 실용적 필요 때문에 중심부 지식을 수정하는 경우도 있다. 그리하여 콰인은 중심부 지식과 주변부 지식이 원칙적으로 모두 수정의 대상이 될 수 있고, 지식의 변화도 더 이상 개별적 지식이 단순히 누적되는 과정이 아니라고 주장한다.

① 수학적 지식과 과학적 지식은 종류가 다른 것인가?

② 예측은 가설로부터 논리적으로 도출될 수 있는가?

③ 경험과 무관하게 참이 되는 지식이 존재하는가?

④ 경험을 통하지 않고 가설을 시험할 수 있는가?

⑤ 과학적 지식은 개별적으로 누적되는가?

7 다음 글의 내용과 일치하는 것을 고르면?

탄수화물은 사람을 비롯한 동물이 생존하는 데 필수적인 에너지원이다. 탄수화물은 섬유소와 비섬유소로 구분된다. 사람은 체내에서 합성한 효소를 이용하여 곡류의 녹말과 같은 비섬유소를 포도당으로 분해하고 이를 소장에서 흡수하여 에너지원으로 이용한다. 반면, 사람은 풀이나 채소의 주성분인 셀룰로스와 같은 섬유소를 포도당으로 분해하는 효소를 합성하지 못하므로, 섬유소를 소장에서 이용하지 못한다. 소, 양, 사슴과 같은 반추 동물도 섬유소를 분해하는 효소를 합성하지 못하는 것은 마찬가지이지만, 비섬유소와 섬유소를 모두 에너지원으로 이용하며 살아간다.

위(胃)가 넷으로 나누어진 반추 동물의 첫째 위인 반추위에는 여러 종류의 미생물이 서식하고 있다. 반추 동물의 반추위에는 산소가 없는데, 이 환경에서 왕성하게 생장하는 반추위 미생물들은 다양한 생리적 특성을 가지고 있다. 그중 피브로박터 숙시노젠(F)은 섬유소를 분해하는 대표적인 미생물이다. 식물체에서 셀룰로스는 그것을 둘러싼 다른 물질과 복잡하게 얽혀있는데, F가 가진 효소 복합체는 이 구조를 끊어 셀룰로스를 노출시킨 후 이를 포도당으로 분해한다. F는 이 포도당을 자신의 세포 내에서 대사 과정을 거쳐 에너지원으로 이용하여 생존을 유지하고 개체 수를 늘림으로써 생장한다. 이런 대사 과정에서 아세트산, 숙신산 등이 대사산물로 발생하고 이를 자신의 세포 외부로 배출한다. 반추위에서 미생물들이 생성한 아세트산은 반추 동물의 세포로 직접 흡수되어 생존에 필요한 에너지를 생성하는 데 주로 이용되고 체지방을 합성하는 데에도 쓰인다. 한편 반추위에서 숙신산은 프로피온산을 대사산물로 생성하는 다른 미생물의 에너지원으로 빠르게 소진된다. 이 과정에서 생성된 프로피온산은 반추 동물이 간(肝)에서 포도당을 합성하는 대사 과정에서 주요 재료로 이용된다.

반추위에는 비섬유소인 녹말을 분해하는 스트렙토코쿠스 보비스(S)도 서식한다. 이 미생물은 반추 동물이 섭취한 녹말을 포도당으로 분해하고, 이 포도당을 자신의 세포 내에서 대사 과정을 통해 자신에게 필요한 에너지원으로 이용한다. 이때 S는 자신의 세포 내의 산성도에 따라 세포 외부로 배출하는 대사산물이 달라진다. 산성도를 알려 주는 수소 이온 농도 지수(pH)가 7.0 정도로 중성이고 생장 속도가 느린 경우에는 아세트산, 에탄올 등이 대사산물로 배출된다. 반면 산성도가 높아져 pH가 6.0 이하로 떨어지거나 녹말의 양이 충분하여 생장 속도가 빠를 때는 젖산 이 대사산물로 배출된다. 반추위에서 젖산은 반추 동물의 세포로 직접 흡수되어 반추 동물에게 필요한 에너지를 생성하는 데 이용되거나 아세트산 또는 프로피온산을 대사산물로 배출하는 다른 미생물의 에너지원으로 이용된다.

그런데 S의 과도한 생장이 반추 동물에게 악영향을 끼치는 경우가 있다. 반추 동물이 짧은 시간에 과도한 양의 비섬유소를 섭취하면 S의 개체 수가 급격히 늘고 과도한 양의 젖산이 배출되어 반추위의 산성도가 높아진다. 이에 따라 산성의 환경에서 왕성히 생장하며 항상 젖산을 대사산물로 배출하는 락토

바실러스 루미니스(L)와 같은 젖산 생성 미생물들의 생장이 증가하며 다량의 젖산을 배출하기 시작한다. F를 비롯한 섬유소 분해 미생물들은 자신의 세포 내부의 pH를 중성으로 일정하게 유지하려는 특성이 있는데, 젖산 농도의 증가로 자신의 세포 외부의 pH가 낮아지면 자신의 세포 내의 항상성을 유지하기 위해 에너지를 사용하므로 생장이 감소한다. 만일 자신의 세포 외부의 pH가 5.8 이하로 떨어지면 에너지가 소진되어 생장을 멈추고 사멸하는 단계로 접어든다. 이와 달리 S와 L은 상대적으로 산성에 견디는 정도가 강해 자신의 세포 외부의 pH가 5.5 정도까지 떨어지더라도 이에 맞춰 자신의 세포 내부의 pH를 낮출 수 있어 자신의 에너지를 세포 내부의 pH를 유지하는 데 거의 사용하지 않고 생장을 지속하는 데 사용한다. 그러나 S도 자신의 세포 외부의 pH가 그 이하로 더 떨어지면 생장을 멈추고 사멸하는 단계로 접어들고, 산성에 더 강한 L을 비롯한 젖산 생성 미생물들이 반추위 미생물의 많은 부분을 차지하게 된다. 그렇게 되면 반추위의 pH가 5.0 이하가 되는 급성 반추위 산성증이 발병한다.

① 피브로박터 숙시노젠(F)은 자신의 세포 내에서 포도당을 에너지원으로 이용하여 생장한다.

② 반추 동물의 과도한 섬유소 섭취는 급성 반추위 산성증을 유발한다.

③ 반추위 미생물은 산소가 없는 환경에서 생장을 멈추고 사멸한다.

④ 반추 동물의 세포에서 합성한 효소는 셀룰로스를 분해한다.

⑤ 섬유소는 사람의 소장에서 포도당의 공급원으로 사용된다.

8 다음은 컨퍼런스에 참가한 어느 발표자의 발표문이다. 이 발표자가 효과적으로 의사전달을 하기 위해 사용한 전략이 아닌 것은?

여러분, '희토류'에 대해 들어 본 적이 있으신가요? (별로 들어 본 적이 없다는 대답을 듣고) 네. 그러시군요. 희토류는 우리 생활 속에서 쉽게 접할 수 있는 제품들에 널리 사용되고 있습니다. 하지만 희토류에 대해 잘 알지 못하는 분들이 많은 것 같아 이번 시간에는 희토류가 무엇이고 어떻게 쓰이는지 등에 대해 알려 드리고자 합니다.

원소에 대해서는 잘 아시죠? (그렇다는 대답을 듣고) 잘 아시는군요. 희토류는 원소 주기율표에서 원자 번호 57부터 71까지의 원소와 그 외의 2개 원소를 합친 17개의 원소를 가리킵니다. 희토류는 다른 물질과 함께 화합물을 형성하여 다양한 산업 분야에서 주요 소재로 널리 활용되고 있습니다. 이제 희토류에 대해 이해되셨나요? (그렇다는 대답을 듣고) 그럼 다음으로, 희토류의 실제 활용 사례를 살펴보겠습니다. (영상을 보여 주며) 희토류 중 하나인 이트륨이 활용된 사례입니다. 이 희토류를 포함한 화합물은 LED나 TV 스크린 등에 발광 재료로 쓰이는데 이 경우에 발광 효율이 높아 에너지 절약 효과를 가져올 수 있습니다. 다음은 역시 희토류 중의 하나인 네오디뮴이 활용된 사례입니다. 이 희토류를 포함한 화합물 중에서 강한 자성을 갖는 것은 하이브리드 자동차나 전기 자동차의 모터용 자석에 널리 사용됩니다.

최근에는 첨단 산업 분야에서 희토류에 대한 수요가 늘면서 희토류의 생산량이 증가하고 있습니다. (표를 제시하며) 여기를 보시면 2010년의 전 세계 희토류 생산량은 약 13만 톤이었는데요. 1986부터 2010년까지 25년 동안 희토류 생산량이 꾸준히 증가했다는 것을 알 수 있습니다. 최근 한 전문가의 연구에 따르면, 2050년에는 전 세계 희토류 수요량이 약 80만 톤에 이를 것이라고 합니다. 그런데 희토류는 특정 광석에만 존재하며, 광석에서 분리하여 정제하기가 매우 까다롭다고 합니다. 이러한 이유로 최근 여러 국가에서는 희토류의 생산 확대를 위한 기술을 적극적으로 개발하고 있습니다.

지금까지 희토류에 대한 여러분의 이해를 돕기 위해 희토류의 개념과 산업 분야에서의 활용 사례 등을 중심으로 발표를 하였습니다. 앞서 말씀드린 바와 같이 희토류는 여러 산업 분야에 걸쳐 주요 소재로 활용되고 있어서 '산업의 비타민'이라고 불립니다. 제 발표를 통해 여러분이 희토류에 대해 잘 이해하셨길 바랍니다. 더불어 생활 속에서 희토류가 실제로 얼마나 다양하게 활용되고 있는지 관심을 갖고 찾아보셨으면 합니다. 이상으로 발표를 마치겠습니다. 감사합니다.

① 발표 목적을 청중들에게 환기시키고 있다.

② 산업 분야에서 희토류의 역할을 비유적 표현으로 제시하였다.

③ 희토류와 관련된 우리 삶에 대한 긍정적인 전망을 제시하였다.

④ 도표 및 영상 자료를 효과적으로 활용하고 있다.

⑤ 희토류에 대해 청중이 관심을 갖기를 권하고 있다.

9 다음은 '공공 데이터를 활용한 앱 개발'에 대한 보고서 작성 개요와 이에 따라 작성한 보고서 초안이다. 개요에 따라 작성한 보고서 초안의 결론 부분에 들어갈 내용으로 가장 적절한 것은?

■ 보고서 작성 개요
• 서론
- 앱을 개발하려는 사람들의 특성 서술
- 앱 개발 시 부딪히는 난점 언급
• 본론
- 공공 데이터의 개념 정의
- 공공 데이터의 제공 현황 제시
- 앱 개발 분야에서 공공 데이터가 갖는 장점 진술
- 공공 데이터를 활용한 앱 개발 사례 제시
• 결론
- 공공 데이터 활용의 장점을 요약적으로 진술
- 공공 데이터가 앱 개발에 미칠 영향 언급

■ 보고서 초고
앱을 개발하려는 사람들은 아이디어가 넘친다. 사람들이 여행 준비를 위해 많은 시간을 허비하는 것을 보면 한 번에 여행 코스를 짜 주는 앱을 만들어 보고 싶어 한다. 도심에서 주차장을 못 찾아 헤매는 사람들을 보면 주차장을 쉽게 찾아 주는 앱을 만들어 보고 싶어 한다. 그러나 막상 앱을 개발하려 할 때 부딪히는 여러 난관이 있다. 여행지나 주차장에 대한 정보를 모으는 것도 문제이고, 정보를 지속적으로 갱신하는 것도 문제이다. 이런 문제 때문에 결국 아이디어를 포기하는 경우가 많다. 그러나 이제는 아이디어를 포기하지 않아도 된다. 바로 공공 데이터가 있기 때문이다. 공공 데이터는 공공 기관에서 생성, 취득하여 관리하고 있는 정보 중, 전자적 방식으로 처리되어 누구나 이용할 수 있도록 국민들에게 제공된 것을 말한다. 현재 정부에서는 공공 데이터 포털 사이트를 개설하여 국민들이 쉽게 이용할 수 있도록 하고 있다. 공공 데이터 포털 사이트에서는 800여 개 공공 기관에서 생성한 15,000여 건의 공공 데이터를 제공하고 있으며, 제공하는 공공 데이터의 양을 꾸준히 늘리고 있다.

공공 데이터가 가진 앱 개발 분야에서의 장점은 크게 두 가지를 들 수 있다. 먼저 공공 데이터는 공공 기관이 국민들에게 편의를 제공하기 위해 시행한 정책의 산출물이기 때문에 실생활과 밀접하게 관련된 정보가 많다는 점이다. 앱 개발자들의 아이디어는 대개 앞에서 언급한 것처럼 사람들의 실생활에 편의를 제공하기 위한 것들이다. 그래서 만약 여행 앱을 만들고자 한다면 한국관광공사의 여행 정보에서, 주차장 앱을 만들고자 한다면 지방 자치 단체의 주차장 정보에서 필요한 정보를 얻을 수 있다. 두 번째로 공공 데이터를 이용하는 데에는 비용이 거의 들지 않기 때문에, 정보를 수집하고 갱신할 때 소요되는 비용을 줄일 수 있다는 점이다. 그래서 개인들도 비용에 대한 부담 없이 쉽게 앱을 만들 수 있다.

⟨결론⟩

① 공공 데이터는 앱 개발을 할 때 부딪히는 자료 수집의 문제와 시간 부족 문제를 해결하여 쉽게 앱을 만들 수 있게 해 준다. 이런 장점에도 불구하고 국민들의 공공 데이터 이용에 대한 인식이 낮은 것은 문제라고 할 수 있다.

② 공공 데이터는 앱 개발에 필요한 실생활 관련 정보를 담고 있으며 앱 개발 비용의 부담을 줄여 준다.

그러므로 앱 개발 시 공공 데이터 이용이 활성화되면 실생활에 편의를 제공하는 다양한 앱이 개발될 것이다.

③ 공공 데이터를 이용하여 앱 개발을 하는 사람들은 시간과 비용의 문제를 극복하고 경제적 가치를 창출하는 사람들이다. 앞으로 공공 데이터의 양이 증가하면 그들이 만들어 내는 앱도 더 다양해질 것이다.

④ 공공 데이터는 자본과 아이디어가 부족해 앱을 개발하지 못 하는 사람들이 유용하게 이용할 수 있다. 앱 개발을 통한 창업이 활성화되면 우리 경제에도 큰 도움이 될 것이다.

⑤ 공공 데이터는 국민 생활에 편의를 제공하고 국민들의 생활을 개선하기 위해 만든 자료이다. 앞으로 공공 데이터의 이용이 활성화되면 국민들의 삶의 질이 향상될 것이다.

10 다음은 신재생 에너지 및 절약 분야 사업 현황이다. '신재생 에너지' 분야의 사업별 평균 지원액이 '절약 분야의 사업별 평균 지원액의 5배 이상이 되기 위한 사업 수의 최대 격차는? (단, '신재생 에너지' 분야의 사업 수는 '절약 분야의 사업 수보다 큼)

(단위 : 억 원, %, 개)

구분	신재생 에너지	절약	합
지원금(비율)	3,500(85.4)	600(14.6)	4,100(100.0)
사업 수	( )	( )	600

① 44개 ② 46개
③ 48개 ④ 54개
⑤ 56개

11 다음은 코레일의 2017년도 철도서비스 모니터링에 대한 시행 결과를 나타낸 그래프이다. 아래의 그래프를 분석한 내용으로 가장 적절하지 않은 것을 고르면?

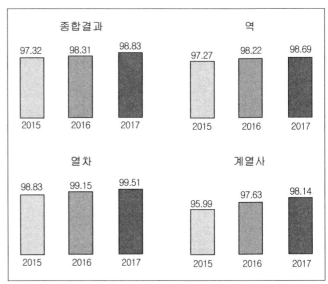

구분	'13	'14	'15	'16	'17
종합결과	97.69	96.87	97.32	98.31	98.83
역	97.19	97.06	97.27	98.22	98.69
열차	98.36	97.33	98.83	99.15	99.51
계열사	97.11	96.23	95.99	97.63	98.14

① 철도서비스 모니터링 결과에서 역 부문의 경우 2017년은 2015년에 비해 1.42 정도 상승함을 알 수 있다.

② 철도서비스 모니터링 결과, 2017년도 열차 부문은 2017년도 계열사 부문에 비해 무려 5.57 정도 높음을 알 수 있다.

③ 2017년에 열차서비스 모니터링 3개 부문에서 열차부문이 시행결과 중 가장 높음을 알 수 있다.

④ 표를 참조하였을 시에 2013년~2017년까지 철도서비스 모니터링 3개 부문(역, 열차, 계열사) 중 열차부문이 가장 높으며, 그 다음으로는 역 부문, 마지막으로 계열사 부문의 순서임을 알 수 있다.

⑤ 종합결과의 막대그래프에서 보면 철도서비스 모니터링에서 2017년은 2015년에 비해 1.51 상승함을 알 수 있다.

12 김정은과 시진핑은 양국의 우정을 돈독히 하기 위해 함께 서울에 방문하여 용산역에서 목포역까지 열차를 활용한 우정 휴가를 계획하고 있다. 아래의 표는 인터넷 사용법에 능숙한 김정은과 시진핑이 서울–목포 간 열차종류 및 이에 해당하는 요소들을 배치해 알아보기 쉽게 도표화한 것이다. 아래의 표를 참조하여 이 둘이 선택할 수 있는 대안(열차종류)을 보완적 방식을 통해 고르면 어떠한 열차를 선택하게 되겠는가? (단, 각 대안에 대한 최종결과 값 수치에 대한 반올림은 없는 것으로 한다.)

평가 기준	중요도	열차 종류				
		KTX 산천	ITX 새마을	무궁화호	ITX 청춘	누리로
경제성	60	3	5	4	6	6
디자인	40	9	7	2	4	5
서비스	20	8	4	3	4	4

① ITX 새마을 　　② ITX 청춘
③ 무궁화호 　　　④ 누리로
⑤ KTX 산천

13 바른 항공사는 서울–상해 직항 노선에 50명이 초과로 예약 승객이 발생하였다. 승객 모두는 비록 다른 도시를 경유해서라도 상해에 오늘 도착하기를 바라고 있다. 아래의 그림이 경유 항공편의 여유 좌석 수를 표시한 항공로일 때, 타 도시를 경유하여 상해로 갈 수 있는 최대의 승객 수를 구하면?

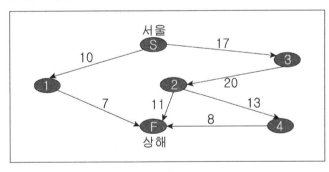

① 26 　　　　　② 29
③ 30 　　　　　④ 33
⑤ 37

14 다음은 코레일에서 제공하는 통계자료 중 철도통계연보(1994~1999년)의 일부를 발췌한 것이다. 아래의 자료를 참조하여 바르게 설명하지 않은 항목을 고르면?

수송량(Traffic)
가. 수송총괄추이(Growth of Traffic Total)
　　단위 : 수송량 – 천　　　　　　　　　　　　Unit : Traffic – Thousand
　　수송밀도 – 인 · 톤키로/철도키로　　Traffic Density – Passenger & Ton-km

연도 Year	철도 키로 Railway –km	역수 Stations	여객수송 Passenger Traffic		화물수송 Freight Traffic		수송밀도
			인원 Passenger	인키로 Passenger –km	톤수 Tons	톤키로 Ton –km	Traffic Density
1994	3,101.2	610	729,003	28,858,887	57,866	14,070,366	13,842,788
1995	3,101.2	611	790,380	29,292,053	57,469	13,837,969	13,907,527
1996	3,120.4	624	819,542	29,579,653	53,527	12,946,839	13,628,539
1997	3,118.3	626	832,999	30,072,758	53,828	12,710,083	13,719,925
1998	3,124.7	630	829,050	32,976,466	43,345	10,372,301	13,872,937
1999	3,118.6	632	825,563	28,605,926	42,081	10,071,972	12,402,327

① 1995년부터 1999년까지 철도키로(Railway-km)는 증감을 반복하고 있다.
② 1994년부터 1999년까지 여객수송 인원(Passenger)은 감소하고 있는 반면에 화물수송의 톤수(Tons)는 매우 증가하고 있다.
③ 1994년부터 1999년 화물수송에 있어서의 톤 키로(Ton-km)는 3,998,394 정도 감소하고 있음을 알 수 있다.
④ 1994년부터 1999년 사이의 수송밀도는 1,440,461 정도 감소되는 결과를 나타내고 있다.
⑤ 1994년부터 1999년까지 역의 수는 점차적으로 증가추세에 있다.

15 X 기업은 자사 컨테이너 트럭과 외주를 이용하여 Y 지점에서 Z 지점까지 월 평균 1,600TEU의 물량을 수송하는 서비스를 제공하고 있다. 아래의 운송조건에서 40feet용 트럭의 1일 평균 필요 외주 대수를 구하면 얼마인가?

- 1일 차량가동횟수 : 1일 2회
- 보유차량 대수 : 40feet 컨테이너 트럭 11대
- 차량 월 평균 가동일 수 : 25일

① 5대 　　　　　② 7대
③ 8대 　　　　　④ 10대
⑤ 12대

16 차고 및 A, B, C 간의 거리는 아래의 표와 같다. 차고에서 출발하여 A, B, C 3개의 수요지를 각각 1대의 차량이 방문하는 경우에 비해, 1대의 차량으로 3개의 수요지를 모두 방문하고 차고지로 되돌아오는 경우, 수송 거리가 최대 몇 km 감소되는가?

구분	A	B	C
차고	10	13	12
A	–	5	10
B	–	–	7

① 24
② 30
③ 36
④ 46
⑤ 58

17 다음은 A 공사의 연도별 임직원 현황에 관한 자료이다. 이에 대한 설명 중 옳은 것을 모두 고르면?

구분	연도	2013	2014	2015
국적	한국	9,566	10,197	9,070
	중국	2,636	3,748	4,853
	일본	1,615	2,353	2,749
	대만	1,333	1,585	2,032
	기타	97	115	153
	계	15,247	17,998	18,857
고용형태	정규직	14,173	16,007	17,341
	비정규직	1,074	1,991	1,516
	계	15,247	17,998	18,857
연령	20대 이하	8,914	8,933	10,947
	30대	5,181	7,113	6,210
	40대 이상	1,152	1,952	1,700
	계	15,247	17,998	18,857
직급	사원	12,365	14,800	15,504
	간부	2,801	3,109	3,255
	임원	81	89	98
	계	15,247	17,998	18,857

㉠ 매년 일본, 대만 및 기타 국적 임직원 수의 합은 중국 국적 임직원 수보다 많다.
㉡ 매년 전체 임직원 중 20대 이하 임직원이 차지하는 비중은 50% 이상이다.
㉢ 2014년과 2015년에 전년대비 임직원수가 가장 많이 증가한 국정은 모두 중국이다.
㉣ 2014년에 국적이 한국이면서 고용형태가 정규직이고 직급이 사원인 임직원은 5,000명 이상이다.

① ㉠, ㉡
② ㉠, ㉢
③ ㉡, ㉣
④ ㉠, ㉢, ㉣
⑤ ㉠, ㉡, ㉢, ㉣

18 R사는 공작기계를 생산하는 업체이다. 이번 주 R사에서 월요일~토요일까지 생산한 공작기계가 다음과 같을 때, 월요일에 생산한 공작기계의 수량이 될 수 있는 수를 모두 더하면 얼마인가? (단, 1대도 생산하지 않은 날은 없었다.)

- 화요일에 생산된 공작기계는 금요일에 생산된 수량의 절반이다.
- 이 공장의 최대 하루 생산 대수는 9대이고, 이번 주에는 요일별로 생산한 공작기계의 대수가 모두 달랐다.
- 목요일부터 토요일까지 생산한 공작기계는 모두 15대이다.
- 수요일에는 9대의 공작기계가 생산되었고, 목요일에는 이보다 1대가 적은 공작기계가 생산되었다.
- 월요일과 토요일에 생산된 공작기계를 합하면 10대가 넘는다.

① 10
② 11
③ 12
④ 13
⑤ 14

┃19~20┃ 다음은 TV 매뉴얼의 일부이다. 물음에 답하시오.

〈문제해결〉

본 제품이 켜지지 않거나 화면이 나오지 않을 경우, 아래 기술된 항목을 먼저 확인하세요. 또한 본 제품이 작동이 제대로 되지 않을 경우에는 'e-설명서의 문제 진단 및 확인'을 참고하세요. 문제가 해결되지 않는다면, 가까운 서비스센터나 홈페이지로 문의하세요.

문제점	해결 방법
전원이 갑자기 꺼져요.	• 취침 예약이 설정되어 있는지 확인하세요. • 자동 전원 끄기 예약이 설정되어 있는지 확인하세요. • 자동 꺼짐 시간 예약이 설정되어 있는지 확인하세요.
전원이 켜지지 않아요.	• 안테나 케이블의 연결을 확인하세요. • 케이블 방송 수신기의 전원을 켜세요. • 위성 리시버의 전원을 켜세요.
제품에서 똑똑 소리가 나요.	TV 외관의 기구적 수축이나 팽창 때문에 나타날 수 있는 현상입니다. 제품의 고장이 아니므로 안심하고 사용하세요.
제품이 뜨거워요.	• 패널의 열이 제품 상부의 통풍구로 방출되므로, 장시간 사용 시 제품 상단을 만졌을 때 뜨겁게 느낄 수 있으므로 주의하세요. • 특히, 아이와 함께 시청할 때는 제품 상단을 만지지 않도록, 보호자의 주의가 필요합니다. • 열이 발생하는 것은 제품의 결함이나 동작 사용상의 문제가 되는 것이 아니므로 안심하고 사용하세요.
리모컨 동작이 안돼요.	• 새 건전지로 교체해 보세요. • TV와 스마트 리모컨을 재 연결해보세요.

※ 본 제품의 패널은 제조 공정상의 기술적인 한계로 인하여 1PPM 정도의 픽셀이 밝게 보이거나 어둡게 보일 수 있으나, 이것은 제품의 성능에 영향을 주지 않습니다.

※ 소프트웨어 업데이트를 자주 하여 최적의 상태로 유지하세요. 업데이트에 관한 자세한 사항은 'e-설명서 내 일반설정→소프트웨어 업데이트하기'를 참고하세요.

19 다음 글에 나타난 문제점을 해결하기 위한 영준이의 행동으로 옳은 것은?

영준이는 퇴근 후 월드컵 예선전을 시청하기 위해 TV를 켜서 채널을 돌리던 도중 갑자기 화면이 꺼지는 현상을 경험했다. 대수롭지 않게 다시 TV 전원을 켜서 축구 경기를 한 시간 가량 보고 있는데, 다시 TV가 꺼지고 말았다.

① 케이블 방송 수신기의 전원을 킨다.
② TV와 스마트 리모컨을 재 연결한다.
③ 취침 예약이 되어있는지 확인한다.
④ 안테나 케이블의 연결을 확인한다.
⑤ 리모컨을 새 건전지로 교체한다.

20 위 매뉴얼을 참고하여 해결할 수 없는 문제점은?

① LED 램프에 불이 들어오지 않는 경우
② 전원이 켜지지 않는 경우
③ 전원이 갑자기 꺼지는 경우
④ 제품에서 뚝뚝 소리가 나는 경우
⑤ 리모컨 작동이 안되는 경우

21 다음 글을 근거로 판단할 때, 김 과장이 단식을 시작한 첫 주 월요일부터 일요일까지 한 끼만 먹은 요일(끼니때)은?

김 과장은 건강상의 이유로 간헐적 단식을 시작하기로 했다. 김 과장이 선택한 간헐적 단식 방법은 월요일부터 일요일까지 일주일 중에 2일을 선택하여 아침 혹은 저녁 한 끼 식사만 하는 것이다. 단, 단식을 하는 날 전후로 각각 최소 2일간은 정상적으로 세 끼 식사를 하고, 업무상의 식사 약속을 고려하여 단식일과 방법을 유동적으로 결정하기로 했다. 또한 단식을 하는 날 이외에는 항상 세 끼 식사를 한다.
간헐적 단식 2주째인 김 과장은 그동안 단식을 했던 날짜를 기록해두기 위해 아래와 같이 최근 식사와 관련된 기억을 떠올렸다.
• 2주차 월요일에는 단식을 했다.
• 지난주에 먹은 아침식사 횟수와 저녁식사 횟수가 같다.
• 지난주 월요일, 수요일, 금요일에는 조찬회의에 참석하여 아침식사를 했다.
• 지난주 목요일에는 업무약속이 있어서 점심식사를 했다.

① 월요일(저녁), 목요일(저녁)
② 화요일(아침), 금요일(아침)
③ 화요일(아침), 금요일(저녁)
④ 화요일(저녁), 금요일(아침)
⑤ 수요일(점심), 목요일(저녁)

22 김 대리는 지난 여름 휴가 때 선박을 이용하여 '포항→울릉도 →독도→울릉도→포항' 순으로 여행을 다녀왔다. 다음에 제시된 내용을 바탕으로 김 대리가 휴가를 냈던 기간을 추론하면?

- '포항→울릉도' 선박은 매일 오전 10시, '울릉도→포항' 선 박은 매일 오후 3시에 출발하며, 편도 운항에 3시간이 소요 된다.
- 울릉도에서 출발해 독도를 돌아보는 선박은 매주 화요일과 목요일 오전 8시에 출발하여 당일 오전 11시에 돌아온다.
- 최대 파고가 3m 이상인 날은 모든 노선의 선박이 운항되지 않는다.
- 김 대리는 매주 금요일에 술을 마시는데, 술을 마신 다음날 은 멀미가 심해서 선박을 탈 수 없다.
- 이번 여행 중 김 대리는 울릉도에서 호박엿 만들기 체험을 했는데, 호박엿 만들기 체험은 매주 월·금요일 오후 6시에 만 할 수 있다.

〈2016년 7월 최대 파고〉

㉠ : 최대 파고(단위 : m)

일	월	화	수	목	금	토
16 ㉠ 1.0	17 ㉠ 1.4	18 ㉠ 3.2	19 ㉠ 2.7	20 ㉠ 2.8	21 ㉠ 3.7	22 ㉠ 2.0
23 ㉠ 0.7	24 ㉠ 3.8	25 ㉠ 2.8	26 ㉠ 2.7	27 ㉠ 0.5	28 ㉠ 3.7	29 ㉠ 3.3

① 7월 16일(일)~19일(수) ② 7월 19일(수)~22일(토)

③ 7월 20일(목)~23일(일) ④ 7월 21일(금)~24일(월)

⑤ 7월 23일(일)~26일(수)

23 다음은 A그룹 근처의 〈맛집 정보〉이다. 주어진 평가 기준에 따라 가장 높은 평가를 받은 곳으로 신년회를 예약하라는 지시를 받 았다. A그룹의 신년회 장소는?

〈맛집 정보〉

평가항목 / 음식점	음식종류	이동거리	가격 (1인 기준)	맛 평점 (★ 5개 만점)	방 예약 가능 여부
자금성	중식	150m	7,500원	★★☆	○
샹젤리제	양식	170m	8,000원	★★★	○
경복궁	한식	80m	10,000원	★★★★	○
도쿄타워	일식	350m	9,000원	★★★★☆	×
에밀리아	양식	300m	9,500원	★★★☆	○

※ ☆은 ★의 반 개이다.

〈평가 기준〉

- 평가항목 중 이동거리, 가격, 맛 평점에 대하여 각 항목별로 5, 4, 3, 2, 1점을 각각의 음식점에 하나씩 부여한다.
  - 이동거리가 짧은 음식점일수록 높은 점수를 준다.
  - 가격이 낮은 음식점일수록 높은 점수를 준다.
  - 맛 평점이 높은 음식점일수록 높은 점수를 준다.
- 평가항목 중 음식종류에 대하여 일식 5점, 한식 4점, 양식 3점, 중식 2점을 부여한다.
- 방 예약이 가능한 경우 가점 1점을 부여한다.
- 총점은 음식종류, 이동거리, 가격, 맛 평점의 4가지 평가항 목에서 부여 받은 점수와 가점을 합산하여 산출한다.

① 자금성 ② 샹젤리제

③ 경복궁 ④ 도쿄타워

⑤ 에밀리아

24 다음은 이야기 내용과 그에 관한 설명이다. 이야기에 관한 설 명 중 이야기 내용과 일치하는 것은 모두 몇 개인가?

[이야기 내용] A국의 역사를 보면 갑, 을, 병, 정의 네 나라가 시대 순으로 연이어 존재했다. 네 나라의 수도는 각각 달랐는 데 관주, 금주, 평주 한주 중 하나였다. 한주가 수도인 나라 는 평주가 수도인 나라의 바로 전 시기에 있었고, 금주가 수 도인 나라는 관주가 수도인 나라의 바로 다음 시기에 있었으 나, 정보다는 이전 시기에 있었다. 병은 가장 먼저 있었던 나 라는 아니지만, 갑보다 이전 시기에 있었다. 병과 정은 시대 순으로 볼 때 연이어 존재하지 않았다.

[이야기에 관한 설명]
1. 금주는 갑의 수도이다.
2. 관주는 병의 수도이다.
3. 평주는 정의 수도이다.
4. 을은 갑의 다음 시기에 존재하였다.
5. 평주는 가장 마지막에 존재한 나라의 수도이다.
6. 을과 병은 연이어 존재했다.

① 0개 ② 1개

③ 2개 ④ 3개

⑤ 4개

25 다음의 기사는 EOQ에 관한 내용을 다루고 있다. 아래의 내용을 참조하여 괄호 안에 들어갈 EOQ의 값을 구하면?

이디야의 이 같은 이익률은 국내 편의점 프랜차이즈 기업인 GS 리테일의 지난해 영업이익률 3.6%, ROE 9.5%보다 양호하다. 같은 기간 국내 상장 기업(금융사 제외)의 평균 영업이익률과 ROE는 각각 5.8%, 6.1%였다.

이디야는 매장 증가에 따른 수익성 개선 못지않게 비용 절감에도 주력하고 있다. 이디야측은 "경기 기흥의 물류 창고에서 전국 가맹점에 주3회 원재료를 배송한다"며 "수요 예측에서 발주까지 재고를 최소화하는 경제적 주문량(EOQ. Economic Order Quantity)을 개발한 상태"라고 밝혔다. 지난해 이디야가 지출한 광고비는 38억 7000만원으로 판매비와 관리비(판관비)의 10.1%였다. 이는 업계 평균 16.5%보다 낮다.

다음으로, 낮은 원가율은 가맹점의 수익성을 높여준다. 프랜차이즈 가맹점의 매출액에서 재료비가 차지하는 비중을 원가율이라고 하는데, 통상적으로 이는 40~50%로 최대 항목을 차지한다. 재료비를 얼마나 낮추느냐는 프랜차이즈 가맹 점주에게는 사활이 걸린 문제임을 알 수 있다. 이디야 가맹점의 원가율은 35% 안팎으로 가장 낮은 수준으로 추정된다.

위의 사례에서 보듯이 EOQ(economic order quantity ; 경제적 주문량)는 쉽게 말하면 주문비용과 재고유지비가 최소가 되게 하는 1회 주문량을 의미한다. 주로 재고관리 비용이 가장 경제적으로 투입되는 재고수준을 유지하기 위한 목적으로 활용되며, 재고관리 의사결정에 필요한 측정값을 빠르고 쉽게 얻을 수 있고, 상황에 맞게 조정·응용할 수 있으므로, 재고분석을 위한 계량적인 모형으로 널리 이용되는 모델이다.

이러한 경제적 주문량의 공식은 $EOQ = \sqrt{\dfrac{2C_oD}{C_h}}$ 으로 나타내며, C_h : 재고유지비용, C_o : 주문비용, D : 연간수요량을 각각 나타낸다.

예제) 아래의 자료를 활용하여 경제적 주문량을 구하면 (   )이 된다.

- 연간 사용량 = 5,000kg (연중사용량은 안정적이고 평준화되어 있음)
- 구입단가 = 1,000원/kg
- 주문비용 = 20,000원/회
- 재고유지비용 = 200원/kg/년

① 1,000
② 10,000
③ 5,000
④ 50,000
⑤ 100,000

26 100[m]의 거리를 20[m]의 줄자로 관측하였다. 1회의 관측에 +5[mm]의 누적오차와 ±5[mm]의 우연오차가 있을 때 정확한 거리는?

① 100.015 ± 0.011[m]
② 100.025 ± 0.011[m]
③ 100.015 ± 0.022[m]
④ 100.025 ± 0.022[m]

27 지구반지름(R)이 6,370[km]이고 거리의 허용오차가 $1/10^5$이면 직경 몇 [km]까지를 평면측량으로 볼 수 있는가?

① 약 69[km]
② 약 64[km]
③ 약 36[km]
④ 약 22[km]

28 지형측량에서 지성선(知性線)에 대한 설명으로 옳은 것은?

① 등고선이 수목에 가려져 불명확할 때 이어주는 선을 의미한다.
② 지모(地貌)의 골격이 되는 선을 의미한다.
③ 등고선에 직각방향으로 내려 그은 선을 의미한다.
④ 곡선(谷線)이 합류되는 점들을 서로 연결한 선을 의미한다.

29 $100m^2$의 정사각형 토지면적을 $0.2m^2$까지 정확하게 계산하기 위한 한 변의 최대허용오차는?

① 2mm
② 4mm
③ 5mm
④ 10mm

30 클로소이드 곡선에서 곡선반지름(R)=450m, 매개변수(A)=300m일 때 곡선의 길이(L)은?

① 100m

② 150m

③ 200m

④ 250m

31 다음 중 점토 지반의 강성기초의 접지압 분포에 대한 설명으로 바르지 않은 것은?

① 기초 모서리 부분에서 최대응력이 발생한다.

② 기초 중앙부분에서 최대응력이 발생한다.

③ 기초 밑면의 응력은 어느 부분이나 동일하다.

④ 기초 밑면에서의 응력은 토질에 관계없이 일정하다.

32 피조콘(piezocone) 시험의 목적이 아닌 것은?

① 지층의 연속적인 조사를 통하여 지층분류 및 지층 변화 분석

② 연속적인 원지반 전단강도의 추이 분석

③ 중간점토 내 분포한 sand seam 유무 및 발달정도 확인

④ 불교란 시료 채취

33 다음 중 말뚝의 부마찰력에 대한 설명으로 바르지 않은 것은?

① 부마찰력이 작용하면 지지력이 감소한다.

② 연약지반에 말뚝을 박은 후 그 위에 성토를 한 경우 일어나기 쉽다.

③ 부마찰력은 말뚝 주변 침하량이 말뚝의 침하량보다 클 때 아래로 끌어내리는 마찰력을 말한다.

④ 연약한 점토에 있어서는 상대변위의 속도가 느릴수록 부마찰력이 크다.

34 보링(Boring)에 관한 설명으로 바르지 않은 것은?

① 보링(Boring)에는 회전식(Rotary Boring)과 충격식(Percussion Boring)이 있다.

② 충격식은 굴진속도가 빠르고 비용도 저렴하나 분말상의 교란된 시료만 얻어진다.

③ 회전식은 시간과 공사비가 많이 들 뿐만 아니라 확실한 코어(Core)도 얻을 수 없다.

④ 보링은 지반의 상황을 판단하기 위해 실시한다.

35 Terzaghi는 포화점토에 대한 1차 압밀이론에서 수학적 해를 구하기 위해 다음과 같은 가정을 하였다. 이 중 바르지 않은 것은?

① 흙은 균질하다.

② 흙은 완전히 포화되어 있다.

③ 흙 입자와 물의 압축성을 고려한다.

④ 흙 속에서의 물의 이동은 Darcy 법칙을 따른다.

36 흐르지 않는 물에 잠긴 평판에 작용하는 전수압의 계산방법으로 바른 것은? (단, 여기서 수압이란 단위면적당 압력을 의미한다.)

① 평판도심의 수압에 평판면적을 곱한다.

② 단면의 상단과 하단수압의 평균값에 평판면적을 곱한다.

③ 작용하는 수압의 최대값에 평판면적을 곱한다.

④ 평판의 상단에 작용하는 수압에 평판면적을 곱한다.

37 다음 중 증발에 영향을 미치는 인자가 아닌 것은?

① 온도

② 대기압

③ 통수능

④ 상대습도

38 유선 위 한 점의 x, y, z축에 대한 좌표를 (x, y, z)라 하고 x, y, z축 방향속도성분을 각각 u, v, w라고 할 때 서로의 관계가 $\dfrac{dx}{u} = \dfrac{dv}{v} = \dfrac{dz}{w}$, $u = -ky$, $v = kx$, $w = 0$인 흐름에서 유선의 형태는? (단, k는 상수)

① 원

② 직선

③ 타원

④ 쌍곡선

39 개수로에서 단면적이 일정할 때 수리학적으로 유리한 단면에 해당되지 않는 것은? (단, H : 수심, Rh : 동수반경, l : 측면의 길이, B : 수면폭, P : 윤변, θ : 측면의 경사)

① H를 반지름으로 하는 반원에 외접하는 직사각형 단면

② R_h가 최대 또는 P가 최소인 단변

③ $H = B/2$이고, $R_h = B/2$인 직사각형 단면

④ $l = B/2$, $R_h = H/2$, $\theta = 60^o$인 사다리꼴 단면

40 강수량 자료를 분석하는 방법 중 이중누가해석(double mass analysis)에 대한 설명으로 바른 것은?

① 강수량 자료의 일관성을 검증하기 위하여 이용한다.

② 강수의 지속기간을 알기 위하여 이용한다.

③ 평균 강수량을 계산하기 위하여 이용한다.

④ 결측자료를 보완하기 위하여 이용한다.

41 옹벽의 구조해석에 대한 설명으로 틀린 것은? (단, 기타콘크리트 구조설계기준에 따른다.)

① 부벽식 옹벽의 전면벽은 2변 지지된 1방향 슬래브로 설계해야 한다.

② 뒷부벽은 T형보로 설계해야 하며 앞부벽은 직사각형보로 설계해야 한다.

③ 저판의 뒷굽판은 정확한 방법이 사용되지 않는 한 뒷굽판 상부에 재하되는 모든 하중을 지지하도록 설계해야 한다.

④ 캔틸레버식 옹벽의 저판은 전면벽과의 접합부를 고정단으로 간주한 캔틸레버로 가정하여 단면을 설계할 수 있다.

42 경간 10m인 대칭 T형보에서 양쪽 슬래브의 중심간 거리 2,100mm, 슬래브두께 100mm, 복부의 폭 400mm일 때 플랜지의 유효폭은 얼마인가?

① 2,000mm

② 2,100mm

③ 2,300mm

④ 2,500mm

43 다음 중 철근콘크리트 보에서 사인장철근이 부담하는 주된 응력은?

① 부착응력

② 전단응력

③ 지압응력

④ 휨인장응력

44 PSC보의 휨강도 계산 시 긴장재의 응력 f_{ps}의 계산은 강재 및 콘크리트의 응력-변형률 관계로부터 정확히 계산할 수도 있으나 콘크리트 구조기준에서는 f_{ps}를 계산하기 위한 근사적 방법을 제시하고 있다. 그 이유는 무엇인가?

① PSC구조물은 강재가 항복한 이후 파괴까지 도달함에 있어 강도의 증가량이 거의 없기 때문이다.

② PS강재의 응력은 항복응력 도달 이후에도 파괴시까지 점진적으로 증가하기 때문이다.

③ PSC보를 과보강 PSC보로부터 저보강 PSC보의 파괴상태로 유도하기 위함이다.

④ PSC구조물은 균열에 취약하므로 균열을 방지하기 위함이다.

45 인장 이형철근의 정착길이 산정 시 필요한 보정계수(α, β)에 대한 설명으로 틀린 것은?

① 피복두께가 $3d_b$ 미만 또는 순간격이 $6d_b$ 미만인 에폭시 도막철근일 때 철근 도막계수(β)는 1.5를 적용한다.

② 상부철근(정착길이 또는 겹침이음부 아래 300mm를 초과되게 굳지 않은 콘크리트를 친 수평철근)인 경우 철근 배치 위치계수(α)는 1.3을 사용한다.

③ 아연도금 철근을 철근 도막계수(β)를 1.0으로 적용한다.

④ 에폭시 도막철근이 상부철근인 경우 상부철근의 위치계수(α)와 철근의 도막계수(β)의 곱, $\alpha\beta$가 1.6보다 크지 않아야 한다.

46 동일한 재료 및 단면을 사용한 다음 기둥 중 좌굴하중이 가장 큰 기둥은?

① 양단힌지의 길이가 L인 기둥

② 양단고정의 길이가 2L인 기둥

③ 일단 자유 타단 고정의 길이가 0.5L인 기둥

④ 일단 힌지 타단 고정의 길이가 1.2L인 기둥

47 내민보에 그림과 같이 지점 A에 모멘트가 작용하고 집중하중이 보의 양 끝에 작용한다. 이 보에 발생하는 최대휨모멘트의 절댓값은?

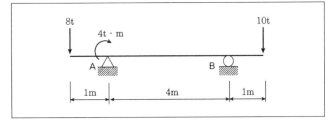

① 6t · m

② 8t · m

③ 10t · m

④ 12t · m

48 다음 그림과 같은 기둥에서 좌굴하중의 비 (a):(b):(c):(d)는? (단, EI와 기둥의 길이 l은 모두 같다.)

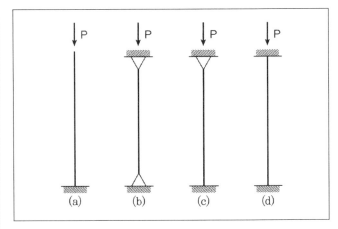

① 1 : 2 : 3 : 4

② 1 : 4 : 8 : 12

③ 0.25 : 2 : 4 : 8

④ 1 : 4 : 8 : 16

49 다음 중 구조해석의 기본원리인 겹침의 원리(principle of superposition)을 설명한 것으로 바르지 않은 것은?

① 탄성한도 이하의 외력이 작용할 때 성립한다.

② 외력과 변형이 비선형관계가 있을 때 성립한다.

③ 여러 종류의 하중이 실린 경우 이 원리를 이용하면 편리하다.

④ 부정정 구조물에서도 성립한다.

50 다음 그림과 같은 트러스에서 부재력이 0인 부재는 모두 몇 개인가?

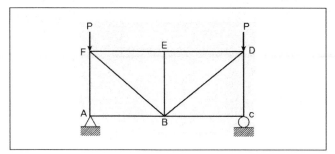

① 3개

② 4개

③ 5개

④ 7개

서 원 각
www.goseowon.com

코레일
(한국철도공사)
필기시험 모의고사

-토목-

	영 역	직업기초능력평가(의사소통능력, 수리능력, 문제해결능력) 직무수행능력평가(토목일반)
제 3 회	문항수	25문항, 25문항
	시 간	60분
	비 고	객관식 5지선다형, 객관식 4지선다형

SEOWONGAK
(주)서원각

제 3 회 필기시험 모의고사

〉〉직업기초능력평가

1 다음 밑줄 친 단어의 의미와 동일하게 쓰인 것을 고르시오.

김동연 경제부총리 겸 기획재정부 장관은 26일 최근 노동이슈 관련 "다음 주부터 시행되는 노동시간 단축 관련 올해 말까지 계도기간을 설정해 단속보다는 제도 정착에 초점을 두고 추진할 것"이라고 밝혔다.

김동연 부총리는 이날 정부서울청사에서 노동현안 관련 경제현안간담회를 주재하고 "7월부터 노동시간 단축제도가 시행되는 모든 기업에 대해 시정조치 기간을 최장 6개월로 늘리고, 고소·고발 등 법적인 문제의 처리 과정에서도 사업주의 단축 노력이 충분히 참작될 수 있도록 하겠다."라며 이같이 말했다.

김 부총리는 "노동시간 단축 시행 실태를 면밀히 조사해 탄력 근로단위기간 확대 등 제도개선 방안도 조속히 마련하겠다."라며 "불가피한 경우 특별 연장근로를 인가받아 활용할 수 있도록 구체적인 방안을 강구할 것"이라고 밝혔다.

① 우리는 10년 만에 넓은 평수로 <u>늘려</u> 이사했다.
② 그 집은 알뜰한 며느리가 들어오더니 금세 재산을 <u>늘려</u> 부자가 되었다.
③ 적군은 세력을 <u>늘린</u> 후 다시 침범하였다.
④ 실력을 <u>늘려서</u> 다음에 다시 도전해 보아라.
⑤ 대학은 학생들의 건의를 받아들여 쉬는 시간을 <u>늘리는</u> 방안을 추진 중이다.

2 다음은 '작업 중 스마트폰 사용으로 인한 산업현장 사고'와 관련된 사내 안내문을 작성하기 위한 개요이다. 〈자료〉의 활용 방안으로 적절하지 않은 것은?

주제 : 작업 중 스마트폰 사용으로 인한 산업현장 사고를 방지하기 위해 전사적 차원의 대책을 마련해야 한다.

Ⅰ. 서론 : 현황 ······························· ㉠
Ⅱ. 본론
　1. 문제 원인
　　가. 의식적 요인 ······················ ㉡
　　나. 제도적 요인 ······················ ㉢
　2. 문제 해결 방안
　　가. 의식 개선 방안 ·················· ㉣
　　나. 제도 개선 방안 ·················· ㉤
Ⅲ. 결론

〈자료〉

㉮ 신문 기사
　작업 중 스마트폰 사용으로 인한 산업현장 사고가 최근 4년간 1.94배 증가했다. 이는 작업 중 산업현장 사고 증가율 1.1배보다 2배 가까이 높다.
㉯ 관련 담당자 인터뷰
　조사 대상의 84%가 작업 중 스마트폰 사용이 위험하다는 사실을 알고 있지만, 96%는 1일 1회 이상 작업 중 스마트폰을 사용한다고 답했습니다. 그런데 우리 회사에는 아직 이와 관련한 대책이 없습니다.
㉰ 연구 보고서
　안전 의식을 높이기 위한 교육 프로그램 개발, 안전 시설물 설치, 또는 패널티 부과 등 작업 중 스마트폰 사용으로 인한 산업현장 사고 방지를 위해 노력하는 세계 각국의 모습을 참고할 필요가 있다.

① ㉠에 ㉮를 활용하여 작업 중 스마트폰 사용으로 인한 산업현장 사고의 발생률이 증가하고 있음을 언급한다.
② ㉡에 ㉯를 활용하여 작업 중 스마트폰 사용이 위험하다는 사실을 알지 못하는 것이 산업현장 사고 발생 원인의 하나임을 제시한다.
③ ㉢에 ㉯를 활용하여 관련 대책의 부재가 작업 중 스마트폰 사용으로 인한 산업현장 사고를 방지하지 못하는 원인 중 하나임을 언급한다.
④ ㉣에 ㉰를 활용하여 작업 중 스마트폰을 사용하지 않게 하는 전사적 차원의 교육 프로그램을 개발할 것을 제안한다.
⑤ ㉤에 ㉰를 활용하여 패널티 부과 등 작업 중 스마트폰 사용으로 인한 산업현장 사고를 방지할 수 있는 대책을 마련해야 함을 주장한다.

3 다음의 내용을 읽고 문맥상 괄호 안에 들어갈 말로 가장 적절한 것을 고르면?

'특정 종교의 행사'라는 이유로 전주역 광장에 기원 탑 설치를 불허했던 코레일 전북본부가 입장을 철회했다. 부처님 오신 날 봉축기간에 맞춰 기원 탑을 설치하려던 지역 불교계의 거센 반발에 부딪히자 긍정적 입장에서의 재검토를 약속한 것이다.

코레일 전북본부는 4월 18일 전라북도 부처님 오신 날 봉축위원회(이하 전북 봉축위)에 보낸 공문을 통해 '기원 탑 설치를 위한 전주역 광장 사용 요청에 관해 긍정적으로 승인을 재검토 하겠다'고 회신했다. 코레일 전북본부는 "전주역과 귀 위원회 간 '남북평화통일 기원 탑' 설치와 관련 발생된 이견은 전주역과의 구두협의 과정에서 상호이해가 부족했던 사항으로 판단된다"며 "다시 요청을 해주시면 긍정적으로 승인을 재검토 할 수 있다"고 전해왔다. 이어 "귀 위원회에서 추진 중인 '연등회'행사는 국가무형문화재로서 전통문화와 민족정서를 계승하고 있다는 점에 공감하며 성공적으로 마칠 수 있기를 기원한다"고 전해왔다.

코레일 전북본부 관계자는 법보신문과의 통화에서 "전북 봉축위에서 보낸 공식 공문을 17일에야 접수했다. 전주역에서 코레일 전북본부 쪽으로 온 문의는 시설물 설치 안전에 관한 문의였고 '연등회' 행사라는 이야기도 없었다. 안전 등을 생각해 전주역에서 판단할 사항으로 결정했다"며 "공문 접수 후 전주역 광장 사용 허가를 긍정적으로 검토해 전북봉축위에 전달했으나 현재 시일이 촉박하여 이미 다른 장소에 기원 탑을 설치하고 있는 만큼 안전에 문제가 없는 상황에서 내년부터는 전주역 광장을 사용하는 것으로 일단락 지었다"고 말했다. 이와 관련 전북 봉축위 이원일 사무국장은 "행사 일정상 올해에는 전주역에 기원 탑을 설치하는 것이 힘들어 내년부터 전주역 광장을 사용하도록 할 계획"이라며 "하지만 연등회 행사를 특정종교 행사로 인식하고 있는 관계기관의 인식을 바로잡고 잘못된 전례를 남기지 않기 위해서라도 코레일 전북본부의 명확한 답변을 받아냈다"고 말했다.

전북 불교연합대책위 등 지역불교 단체들은 코레일 전북본부의 (   )을/를 긍정적으로 평가하며 "이러한 사태에 엄중히 대응함으로써 후대에 오점을 남기는 일이 없도록 해야 한다"며 "이번 일을 계기로 연등회 준비를 더 빠르게 계획하고 추진해 더욱 내실 있는 행사로 발전시켜 나가겠다"고 입을 모았다.

① 배송(配送)
② 면담(面談)
③ 발송(發送)
④ 발전(發展)
⑤ 회신(回信)

4 아래의 내용은 코레일의 광명역 도심공항버스(KTX 리무진) 운송약관 제정(안)의 일부를 발췌한 것이다. 아래의 내용을 읽고 잘못 설명된 것을 고르면?

제1장 총칙
제2조(용어의 정의) 이 약관에 사용하는 용어의 정의는 다음과 같다.
① "승차권"이란 운송을 위하여 철도공사가 발행하는 증표(KTX 리무진 승차권)로서, 승차권 발행방법 및 형태 등에 따라 다음과 같이 구분한다.
  1. 종이승차권 : 운행정보 등 운송에 필요한 사항을 KTX 리무진 승차권용 전용 용지에 인쇄한 승차권
  2. 모바일승차권(Mobile-Ticket) : 인터넷 통신과 컴퓨터 지원기능을 갖춘 스마트폰, 태블릿 PC 등으로 철도공사에서 제공 또는 승인한 전용 프로그램(Application)에 운행정보 등 운송에 필요한 사항을 전송받은 승차권
② "운임"이란 철도공사에서 법 제8조의 규정의 의하여 관할관청에 신고 수리된 금액을 말한다.
③ "수하물"이란 여객이 여행 시 휴대하거나 탁송을 의뢰한 소지품 및 물품을 말한다.
④ "Check-in 수하물"이란 여객이 여행 시 탁송을 의뢰하여 백택(Bag Tag)을 부착한 수하물을 말한다.
⑤ "휴대수하물"이란 여객이 소지하는 물품 중 제20조 및 제22조에서 규정한 중량과 용적을 초과하지 않으며, 운송이 금지되지 않은 물품으로, 여객이 휴대할 수 있는 물품을 말한다.
⑥ "초과수하물"이란 무료운송 수하물 허용량을 초과한 수하물을 말한다.
⑦ "수하물표"란 Check-in 수하물이 아닌 수하물의 운송을 위해 철도공사에서 발행하는 증표를 말한다.
⑧ "총중량"이란 실 중량에 포장된 용기의 무게를 포함한 중량을 말한다.

① 승차권은 운송을 위해 철도공사가 발행하는 증표이다.
② 수하물은 고객이 여행 시 휴대하거나 탁송을 의뢰한 소지품 및 물품이다.
③ "종이승차권"은 태블릿 PC 등으로 철도공사에서 제공 또는 승인한 전용 프로그램에 운행정보 등 운송에 필요한 사항을 전송받은 승차권이다.
④ 수하물표는 수하물의 운송을 위해 철도공사에서 발행하는 증표이다.
⑤ 총중량은 실 중량에 포장된 용기의 무게를 포함한 중량이다.

┃5~6┃ 다음 글을 읽고 물음에 답하시오.

저금리가 유지되고 있는 사회에서는 저축에 대한 사람들의 인식이 상당히 회의적이다. 저축은 미래의 소비를 위해 현재의 소비를 억제하는 것을 의미하는데, 이때 그 대가로 주어지는 것이 이자이다. 하지만 저금리 상황에서는 현재의 소비를 포기하는 대가로 보상받는 비용인 이자가 적기 때문에 사람들은 저축을 신뢰하지 못하게 되는 것이다.

화폐의 효용성과 합리적인 손익을 따져 본다면 저금리 시대의 저축률은 줄어드는 것이 당연하다. 물가 상승에 비해 금리가 낮을 때에는 시간이 경과할수록 화폐의 가치가 떨어지게 되어 저축으로부터 얻을 수 있는 실질적인 수익이 낮아지거나 오히려 손해를 입을 수 있기 때문이다.

그런데 한국은행이 발표한 최근 자료를 보면, 금리가 낮은 수준에 머물고 있을 때에도 저축률이 상승하였음을 알 수 있다. 2012년에 3.4%였던 가계 저축률이 2014년에는 6.1%로 상승한 것이다. 왜 그럴까? 사람들이 저축을 하는 데에는 단기적인 금전상의 이익 이외에 또 다른 요인이 작용하기 때문이다. 살아가다 보면 예기치 않은 소득 감소나 질병 등으로 인해 갑자기 돈이 필요한 상황이 생길 수 있다. 이자율이 낮다고 해서 돈이 필요한 상황에 대비할 필요가 없어지는 것은 아니다. 이런 점에서 볼 때 금리가 낮음에도 불구하고 사람들이 저축을 하는 것은 장래에 닥칠 위험을 대비하기 위한 적극적인 의지의 반영인 것이다.

저금리 상황 속에서 저축을 하지 않는 것이 당장은 경제적인 이득을 얻는 것처럼 보일 수 있다. 하지만 이는 미래에 쓸 수 있는 경제 자원을 줄어들게 만들고 개인의 경제적 상황을 오히려 악화시킬 수도 있다. 또한 고령화가 급격하게 진행되는 추세 속에서 노후 생활을 위한 소득 보장의 안전성을 저해하는 등 사회 전반의 불안감을 높일 수도 있다. 따라서 눈앞에 보이는 이익에만 치우쳐서 저축이 가지는 효용 가치를 단기적인 측면으로 한정해서 바라보아서는 안 된다.

우리의 의사 결정은 대개 미래가 불확실한 상황에서 이루어지며 우리가 직면하는 불확실성은 확률적으로도 파악하기 힘든 것이 대부분이다. 따라서 저축의 효용성은 단기적 이익보다 미래의 불확실성에 대비하기 위한 거시적 관점에서 그 중요성을 생각해야 한다.

5 윗글에 대한 평가로 가장 적절한 것은?

① 핵심 개념을 소개한 후 관련 이론을 제시하고 있다.
② 주장을 여러 항목으로 나누어 순차적으로 제시하고 있다.
③ 전문 기관의 자료를 활용하여 논의의 근거로 삼고 있다.
④ 다양한 계층의 시각으로 균형 있는 정보를 제공하고 있다.
⑤ 유사한 사례를 비교하여 공통점과 차이점을 부각하고 있다.

6 윗글의 글쓴이가 다음에 대해 보일 수 있는 반응으로 적절하지 않은 것은?

요즘 저축 이자율은 떨어지고 물가 상승률은 증가하고 있다. 그래서 A는 저축을 하지 않고 있다. 하지만 B는 A에게 저축을 하는 것이 좋겠다고 조언한다.

① A가 저축을 하지 않는 이유는 화폐 가치의 하락을 우려하고 있기 때문이군.
② A가 저축을 하지 않는 이유는 당장의 경제적인 이익을 중요하게 생각하기 때문이군.
③ B가 저축을 해야 한다고 조언하는 이유는 단기적인 금전상의 이익이 아닌 또 다른 요인을 고려하기 때문이군.
④ B가 저축을 해야 한다고 조언하는 이유는 저축을 미래의 불확실성에 대비하기 위한 방안이라고 보기 때문이군.
⑤ B가 저축을 해야 한다고 조언하는 이유는 현재 소비를 포기한 대가로 받는 이자를 더 중요하게 생각하기 때문이군.

7 2018년 8월 1일 축구로 인해 세계적으로 친해진 지단, 메시, 클로제, 호날두, 앙리는 한국여행을 하기 위해 비행기를 타고 열차를 갈아타서 서울역에 도착하였다. 역에 입성한 이들을 위해 아래의 약관은 역 직원들이 코레일의 광명역 도심공항버스(KTX 리무진) 운송약관 제정(안)의 일부를 발췌하여 제공한 것이다. 다음 중 이를 읽고 내용을 잘못 이해하고 있는 사람을 고르면?

제2장 승차권과 운임

제10조(KTX 리무진 승차권의 발행)

① 철도공사는 출발 1개월 전 07:00부터 승차권을 발권하며 제9조에 의하거나 원활한 여객 수송을 위해 필요한 경우 발권방법·범위·시각·순서·장소·매수·횟수 등을 제한 또는 조정할 수 있다.

② 승차권은 예약과 함께 결제 및 발권을 해야 하며, 결제 또는 발권하지 않는 경우 예약사항은 자동 취소된다.

③ 승차권을 발권 받은 사람은 승차일시·승차구간 등의 운송조건을 확인하여야 한다.

④ 여객이 휴대폰으로 전송받을 수 있는 승차권 매수는 1인 1회에 9매까지 가능하다.

⑤ 승차권의 취소, 변경은 다음 각 호에 의한다.

　1. 날짜 지정 출발 일까지 한하여 역 매표창구, 모바일 매체 등을 통하여 미사용 승차권을 취소할 수 있다.

　2. KTX 무진 승차권 변경 시에는 기 발행된 KTX 리무진 승차권을 취소 후, 다시 승차권 발매 서비스를 통하여 발행하여야 한다.

제12조(승차권의 사용)

① 승차권은 기재사항을 준수하여 사용해야 하며, 기재사항을 임의로 말소 개조 또는 승차권을 분실한 경우 철도공사는 해당 승차권을 무효로 한다.

③ 모바일승차권은 지정한 모바일 앱을 통하여 모바일로 전송받은 승차권만 유효하다.

④ 승차권의 임의변경, 복사, 위변조 및 효력이 상실된 승차권을 사용하여, 적발된 경우 형법 제214조(유가증권의 위조 등), 제231조(사문서등의 위조·변조), 제236조(사문서의 부정행사)등 관련법에 따라 고발 조치할 수 있다.

⑤ 승차권의 유효기간은 적용일 당회에 한하여 유효함을 기본원칙으로 한다. 단, 승차권의 기재사항 대로 사용하지 못한 경우 제15조 규정에 의하여 반환 받을 수 있다.

제13조(무임운송과 할인)

① 여객이 동반하는 6세 미만의 소아 1인은 무임으로 운송한다. 다만, 여객이 동반하는 소아가 1인을 초과하거나 좌석을 점유하고자 하는 경우 할인 운임을 적용할 수 있다.

② 제24조의 수하물은 무임으로 운송한다.

③ 13세 미만의 어린이(초등학생)는 할인할 수 있다.

④ 10인 이상의 단체는 할인할 수 있다.

⑤ 제③항 및 제④항에 따라 운임을 할인하는 경우 회사에서 제공하는 다른 할인과는 중복 할인하지 않는다.

---

① 지단 : 약관을 보면 오늘부터 9월 1일 강릉행 열차 티켓을 발권 받을 수 있어.

② 메시 : 승차권 예약과 더불어 결제나 발권을 하지 못하면 자동적으로 취소한다는군.

③ 클로제 : 내 조카는 13세이니까 할인혜택을 받을 수 있어.

④ 호날두 : 한국에 내 친구들이 17명 정도 있으니 이 친구들과 함께하면 할인혜택을 받을 수 있어.

⑤ 앙리 : 내 조카는 현재 4살인데 열차 이용 시 무임으로 운송이 가능하다고 하네.

8 다음 글을 읽고 이에 관련한 내용으로 보기 가장 어려운 것을 고르면?

현대는 소비의 시대다. 소비가 하나의 이데올로기가 된 세상이다. 소비자들은 쏟아져 나오는 여러 상품들을 선택하는 행위를 통해 욕구 충족을 할 뿐 아니라 개인의 개성과 정체성을 형성한다. 소비가 인간을 만드는 것이다. 그뿐 아니다. 다른 사람의 소비를 보면서 그를 평가하기도 한다. 그 사람이 무엇을 소비하느냐에 따라 그 사람의 값을 매긴다.

거기서 자연스럽게 배태되는 게 바로 유행이다. 온통 소비에 신경을 쓰다 보니 유명인이나 트렌드 세터들이 만들어내는 소비패턴에 민감하다. 옷이든 장신구든 아니면 먹거리든 간에 이런 유행을 타지 않은 게 드물 정도다. 유행을 따르지 않으면 어딘지 시대에 뒤지고 소외되는 것 같은 강박관념이 사람들을 짓누르고 있다.
문제는 유행이 무척 짧은 수명을 갖는다는 것이다. 옷 같은 경우는 일 년이 멀다하고 새로운 패션이 밀려온다. 소비시장이 그만큼 다양화, 개성화, 전문화됐다는 뜻이다. 제대로 유행의 첨단에 서자면 정신이 달아날 지경일 것이다.

원래 제품 수명주기이론에서는 제품이 태어나 사라질 때까지를 보통 3-5년 정도로 본다. 즉 도입기와 성장기-성숙기-쇠퇴기를 거치는 데 몇 년 정도는 걸린다는 설명이다. 상품의 생명력이 이 정도 유지되는 게 정상이다. 그래야 생산자들도 어느 정도 이 속도에 맞춰 신상품을 개발하는 등 마케팅 전략을 세울 수 있다.

그런데 최근 풍조는 상품 수명이 1년을 넘기지 못하는 경우가 잦다고 한다. 소득이 늘면서 유행에 목을 매다보니 남보다 한 발짝이라도 빨리 가고 싶은 욕망이 생기고 그것이 유행의 주기를 앞당기는 것이다. 한 때 온 나라를 떠들썩하게 했던 아웃도어 열풍이 급격히 식어가고 있다는 보도다. 업계에 따르면 국내 아웃도어 시장 규모는 2014년 7조 4000억 원을 정점으로 급격한 내림세에 접어들었다. 작년 백화점 등 유통업체들은 아웃도어에서 6-9% 마이너스 성장을 했다. 업체들은 일부 브랜드를 접고 감원에 들어가는가 하면 백화점에서도 퇴점하는 사례가 증가하고 있다.

과거에도 하얀국물 라면 등 음식이나 패션 등 일부 상품에서 빠른 트렌드 변화가 읽혔다. 소비자 요구는 갈수록 복잡다단해지고 기업이 이에 적응하는 데는 한계가 있는 것이다. 피곤한 것은 기업 쪽이다. 한편으로는 갈수록 부박해지는 소비문화가 걱정스럽기도 하다. 환경보호 등 여러 측면에서 소비가 미덕인 시대는 아닌 것 같기 때문이다.

① 사람들은 제품구매를 통해 니즈를 충족하고 그들의 개성을 형성하게 된다.

② 현대에 들어 분야를 막론하고 유행을 좇지 않는 게 거의 없다.

③ 제품수명주기는 도입기 – 성장기 – 성숙기 – 쇠퇴기의 4단계를 겪게 된다.

④ 소득이 증가하면서 제품의 유행주기가 점차적으로 느리게 된다.

⑤ 빠른 트렌드의 변화로 인해 소비자들의 욕구충족이 되는 반면에 기업의 경우에는 이에 맞추기 위해 상당히 피곤해진다.

9 다음은 '철도안전법'의 일부 내용이다. 제시된 글의 내용과 일치하는 것은 어느 것인가?

제47조(여객열차에서의 금지행위) 여객은 여객열차에서 다음 각 호의 어느 하나에 해당하는 행위를 하여서는 아니 된다.
1. 정당한 사유 없이 국토교통부령으로 정하는 여객출입 금지 장소에 출입하는 행위
2. 정당한 사유 없이 운행 중에 비상정지버튼을 누르거나 철도차량의 옆면에 있는 승강용 출입문을 여는 등 철도차량의 장치 또는 기구 등을 조작하는 행위
3. 여객열차 밖에 있는 사람을 위험하게 할 우려가 있는 물건을 여객열차 밖으로 던지는 행위
4. 흡연하는 행위
5. 철도종사자와 여객 등에게 성적(性的) 수치심을 일으키는 행위
6. 술을 마시거나 약물을 복용하고 다른 사람에게 위해를 주는 행위
7. 그 밖에 공중이나 여객에게 위해를 끼치는 행위로서 국토교통부령으로 정하는 행위

제48조(철도 보호 및 질서유지를 위한 금지행위) 누구든지 정당한 사유 없이 철도 보호 및 질서유지를 해치는 다음 각 호의 어느 하나에 해당하는 행위를 하여서는 아니 된다.
1. 철도시설 또는 철도차량을 파손하여 철도차량 운행에 위험을 발생하게 하는 행위
2. 철도차량을 향하여 돌이나 그 밖의 위험한 물건을 던져 철도차량 운행에 위험을 발생하게 하는 행위

3. 궤도의 중심으로부터 양측으로 폭 3미터 이내의 장소에 철도차량의 안전 운행에 지장을 주는 물건을 방치하는 행위
4. 철도교량 등 국토교통부령으로 정하는 시설 또는 구역에 국토교통부령으로 정하는 폭발물 또는 인화성이 높은 물건 등을 쌓아 놓는 행위
5. 선로[철도와 교차된 도로(건널목)는 제외한다] 또는 국토교통부령으로 정하는 철도시설에 철도운영자등의 승낙 없이 출입하거나 통행하는 행위
6. 역 시설 등 공중이 이용하는 철도시설 또는 철도차량에서 폭언 또는 고성방가 등 소란을 피우는 행위
7. 철도시설에 국토교통부령으로 정하는 유해물 또는 열차운행에 지장을 줄 수 있는 오물을 버리는 행위
8. 역 시설 또는 철도차량에서 노숙(露宿)하는 행위
9. 열차운행 중에 타고 내리거나 정당한 사유 없이 승강용 출입문의 개폐를 방해하여 열차운행에 지장을 주는 행위
10. 정당한 사유 없이 열차 승강장의 비상정지버튼을 작동시켜 열차운행에 지장을 주는 행위
11. 그 밖에 철도시설 또는 철도차량에서 공중의 안전을 위하여 질서유지가 필요하다고 인정되어 국토교통부령으로 정하는 금지행위

① 열차 밖에 있는 사람을 위험하게 할 의도가 없었다면, 물건을 밖으로 던지는 행위가 금지되어 있지는 않다.

② 열차가 아닌 역사에서 노숙을 하거나 열차 내 승무원이 아닌 승객에게 성희롱을 하는 것은 '철도안전법'에 의한 금지 행위가 아니다.

③ 여객출입 금지 장소인 기관실을 제외하면 어느 구역이든 접근 및 출입은 가능하다.

④ 열차 내에서는 다른 탑승객들이 그 피해를 피할 수 없는 흡연은 금지되어 있으나, 혼자 조용히 술을 마시는 행위는 금지되어 있지 않다.

⑤ 철도 건널목 위를 차량에 탑승하지 아니한 채 도보로 통행하는 것은 금지되어 있지 않지만, 건널목을 조금이라도 벗어나 선로로 진입하는 것은 금지되어 있다.

10 다음 자료는 A회사의 버스 종류별 1대당 1일 총운송비용을 나타낸 자료이다. 이에 대한 설명으로 옳지 않은 것은?

(단위 : 원)

부문	항목	일반버스	굴절버스	저상버스
가동비	운전직 인건비	331,400	331,400	331,400
	연료비	104,649	160,709	133,133
	타이어비	3,313	8,282	4,306
	소계	439,362	500,391	468,839
보유비	관리직 인건비	42,638	42,638	42,638
	차량보험료	16,066	21,641	16,066
	차량 감가상각비	23,944	104,106	24,057
	차고지비	3,029	4,544	3,029
	기타관리비	40,941	40,941	40,941
	정비비	9,097	45,484	13,645
	소계	135,715	259,354	140,376
총운송비용		575,077	759,745	609,215

① 버스의 종류와 상관없이 기타관리비와 인건비는 동일하다.

② 일반버스와 굴절버스 간의 운송항목 비용 중 비용 차이가 가장 큰 항목은 연료비이다.

③ 굴절버스는 다른 버스 종류에 비해 총운송비용에서 보유비가 차지하는 비중이 크다.

④ 굴절버스 정비비는 일반버스 정비비의 약 5배이다.

⑤ 일반버스와 저상버스의 차고지비는 동일하다.

11 다음은 A 회사의 2000년과 2010년의 출신 지역 및 직급별 임직원 수에 대한 자료이다. 이에 대한 설명으로 옳지 않은 것은?

⟨표1⟩ 2000년의 출신 지역 및 직급별 임직원 수

(단위 : 명)

직급＼지역	서울·경기	강원	충북	충남	경북	경남	전북	전남	합계
이사	0	0	1	1	0	0	1	1	4
부장	0	0	1	0	0	1	1	1	4
차장	4	4	3	3	2	1	0	3	20
과장	7	0	7	4	4	5	11	6	44
대리	7	12	14	12	7	7	5	18	82
사원	19	38	41	37	11	12	4	13	175
합계	37	54	67	57	24	26	22	42	329

⟨표2⟩ 2010년의 출신 지역 및 직급별 임직원 수

(단위 : 명)

직급＼지역	서울·경기	강원	충북	충남	경북	경남	전북	전남	합계
이사	3	0	1	1	0	0	1	2	8
부장	0	0	2	0	0	1	1	0	4
차장	3	4	3	4	2	1	1	2	20
과장	8	1	14	7	6	7	18	14	75
대리	10	14	13	13	7	6	2	12	77
사원	12	35	38	31	8	11	2	11	148
합계	36	54	71	56	23	26	25	41	332

① 출신 지역을 고려하지 않을 때, 2000년 대비 2010년에 직급별 인원의 증가율은 이사 직급에서 가장 크다.

② 출신 지역별로 비교할 때, 2010년의 경우 해당 지역 출신 임직원 중 과장의 비율은 전라북도가 가장 높다.

③ 2000년에 비해 2010년에 과장의 수는 증가하였다.

④ 2000년에 비해 2010년에 대리의 수가 늘어난 출신 지역은 대리의 수가 줄어든 출신 지역에 비해 많다.

⑤ 2000년에 비해 2010년의 전라북도의 전체 임직원 수의 합계는 증가하였다.

12 다음은 서울 및 수도권 지역의 가구를 대상으로 난방방식 현황 및 난방연료 사용현황에 대해 조사한 자료이다. 이에 대한 설명 중 옳은 것을 모두 고르면?

〈표1〉 난방방식 현황

(단위 : %)

종류	서울	인천	경기 남부	경기 북부	전국 평균
중앙난방	22.3	13.5	6.3	11.8	14.4
개별난방	64.3	78.7	26.2	60.8	58.2
지역난방	13.4	7.8	67.5	27.4	27.4

〈표2〉 난방연료 사용현황

(단위 : %)

종류	서울	인천	경기 남부	경기 북부	전국 평균
도시가스	84.5	91.8	33.5	66.1	69.5
LPG	0.1	0.1	0.4	3.2	1.4
등유	2.4	0.4	0.8	3.0	2.2
열병합	12.6	7.4	64.3	27.1	26.6
기타	0.4	0.3	1.0	0.6	0.3

ㄱ 경기 북부지역의 경우, 도시가스를 사용하는 가구 수가 등유를 사용하는 가구 수의 20배 이상이다.
ㄴ 서울과 인천지역에서는 다른 난방연료보다 도시가스를 사용하는 비율이 높다.
ㄷ 지역난방을 사용하는 가구 수는 서울이 인천의 2배 이하이다.
ㄹ 경기지역은 남부가 북부보다 지역난방을 사용하는 비율이 낮다.

---

① ㄱㄴ ② ㄱㄷ
③ ㄱㄹ ④ ㄴㄹ
⑤ ㄴㄷ

13 다음은 어느 나라의 성별 흡연율과 금연계획률에 관한 자료이다. 이에 대한 설명으로 옳은 것은?

〈표1〉 성별 흡연율

(단위 : %)

연도 / 성별	2007	2008	2009	2010	2011	2012	2013
남성	45.0	47.7	46.9	48.3	47.3	43.7	42.1
여성	5.3	7.4	7.1	6.3	6.8	7.9	6.1
전체	20.6	23.5	23.7	24.6	25.2	24.9	24.1

〈표2〉 금연계획률

(단위 : %)

연도 / 구분	2007	2008	2009	2010	2011	2012	2013
금연계획률	59.8	( )	57.4	53.5	(㉠)	55.2	56.5
단기 금연계획률	19.4	17.7	18.2	20.8	20.2	19.6	19.3
장기 금연계획률	40.4	39.2	( )	32.7	36.1	35.6	37.2

※ 흡연율(%) $= \dfrac{\text{흡연자 수}}{\text{인구 수}} \times 100$

※ 금연계획률(%) $= \dfrac{\text{금연계획자 수}}{\text{흡연자 수}} \times 100$

$= \text{단기 금연계획률} + \text{장기 금연계획률}$

① 매년 전체 흡연율은 증가하고 있다.
② 매년 남성 흡연율은 여성 흡연율의 7배 이상이다.
③ 금연계획률은 매년 50% 이상이다.
④ ㉠에 들어갈 수치는 55.3이다.
⑤ 매년 단기 금연계획률은 장기 금연계획률보다 높다.

14 다음은 ○○기관의 연도말 부채잔액 및 연간 차입 규모에 대한 자료이다. 자료 분석 결과로 옳지 않은 것은?

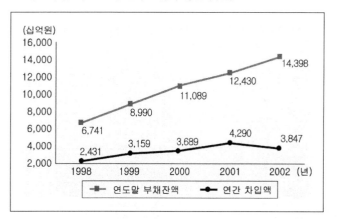

① ○○기관의 연도말 부채잔액은 점점 늘어나고 있다.

② 1999~2002년 중 전년대비 연도말 부채잔액이 가장 크게 늘어난 해는 1999년이다.

③ 전체 기간 중 연간 차입액 변화 추이로 볼 때, 2002년은 주목할 만한 변화이다.

④ 2002년 전년대비 늘어난 연도말 부채잔액은 전년대비 줄어든 연간 차입액의 5배가 넘는다.

⑤ 연도말 부채잔액과 연간 차입액의 변화 추이는 서로 다르다.

┃15~16┃ 기술보증기금 ○○지점에서 근무하는 박 차장은 보증서를 발급하면서 고객의 보증료를 산출하고 있다. 보증료 산출에 관한 주요 규정이 다음과 같을 때, 물음에 답하시오.

- 보증료 계산 : 보증금액 × 보증료율 × 보증기간/365
  −계산은 십원단위로 하고 10원 미만 단수는 버림

- 기준보증료율 기술사업평가등급에 따라 다음과 같이 적용한다.

등급	적용요율	등급	적용요율	등급	적용요율
AAA	0.8%	BBB	1.4%	CCC	1.7%
AA	1.0%	BB	1.5%	CC	1.8%
A	1.2%	B	1.6%	C	2.2%

- 아래에 해당되는 경우 기준보증료율에서 해당 감면율을 감면할 수 있다.

가산사유	가산요율
1. 벤처 · 이노비즈기업	−0.2%p
2. 장애인기업	−0.3%p
3. 국가유공자기업	−0.3%p
4. 지방기술유망기업	−0.3%p
5. 지역주력산업 영위기업	−0.1%p

※ 감면은 항목은 중복해서 적용할 수 없으며, 감면율이 가장 큰 항목을 우선 적용한다.

※ 사고기업(사고유보기업 포함)에 대해서는 보증료율의 감면을 적용하지 아니한다.

- 아래에 해당되는 경우 산출된 보증료율에 해당 가산율을 가산한다.

가산사유	가산요율
1. 고액보증기업	
가. 보증금액이 15억 원 초과 30억 원 이하 기업	+0.1%p
나. 보증금액이 30억 원 초과 기업	+0.2%p
2. 장기이용기업	
가. 보증이용기간이 5년 초과 10년 이하 기업	+0.1%p
나. 보증이용기간이 10년 초과 15년 이하 기업	+0.2%p
다. 보증이용기간이 15년 초과 기업	+0.3%p

※ 가산사유가 중복되는 경우에는 사유별 가산율을 모두 적용한다.

※ 경영개선지원기업으로 확정된 기업에 대해서는 가산요율을 적용하지 않는다.

- 감면사유와 가산사유에 모두 해당되는 경우 감면사유를 먼저 적용한 후 가산사유를 적용한다.

15 ㈜서원의 회계과장인 이 과장은 보증서 발급에 앞서 보증료가 얼마나 산출되었는지 박 차장에게 다음과 같이 이메일로 문의하였다. 문의에 따라 보증료를 계산한다면 ㈜서원의 보증료는 얼마인가?

안녕하세요, 박 차장님.

㈜서원의 회계과장인 이ㅁㅁ입니다. 대표님께서 오늘 보증서(보증금액 5억 원, 보증기간 365일)를 발급받으러 가시는데, 보증료가 얼마나 산출되었는지 궁금하여 문의드립니다.

저희 회사의 기술사업평가등급은 BBB등급이고, 지방기술사업을 영위하고 있으며 작년에 벤처기업 인증을 받았습니다. 다른 특이사항은 없습니다.

① 4,000천 원

② 4,500천 원

③ 5,000천 원

④ 5,500천 원

⑤ 6,000천 원

16 박 차장은 아래 자료들을 토대로 갑, 을, 병 3개 회사의 보증료를 산출하였다. 보증료가 높은 순서대로 정렬한 것은?

구분	기술사업 평가등급	특이사항	보증금액 (신규)	보증기간
갑	BBB	• 국가유공자기업 • 지역주력산업영위기업 • 신규보증금액 포함한 총 보증금액 100억 원 • 보증이용기간 7년	10억 원	365일
을	BB	• 벤처기업 • 이노비즈기업 • 보증이용기간 20년 • 경영개선지원기업	10억 원	365일
병	BB	• 장애인기업 • 이노비즈기업 • 보증이용기간 1년	10억 원	365일

① 갑 - 을 - 병
② 갑 - 병 - 을
③ 을 - 갑 - 병
④ 을 - 병 - 갑
⑤ 병 - 갑 - 을

17 다음은 K공사의 직원 채용 절차와 모집 결과이다. 다음과 같은 조건을 참고할 때, L공사 채용의 총 응시자 수는 모두 몇 명인가?

- 채용절차 : 1차 서류전형 → 2차 필기시험 → 3차 인적성 테스트 → 4차 최종 면접 → 최종 500명 선발
- 각 전형의 선발 인원은 다음 전형 통과 인원의 3배수, 3차 인적성 테스트는 최종 합격자의 1.5배 수
- 1차 서류전형 통과 인원은 총 응시자의 45%
- 최종 선발 인원의 3%는 사회적 약자 집단으로 배분하여 별도 모집
- 인원수는 소수 첫 자리에서 반올림하여 정수로 기산한다.

① 13,950명
② 14,020명
③ 14,320명
④ 14,560명
⑤ 14,800명

18 〈보기〉에 제시된 네 개의 명제가 모두 참일 때, 다음 중 거짓인 것은?

〈보기〉
㉠ 甲 지역이 1급 상수원이면 乙 지역은 1급 상수원이 아니다.
㉡ 丙 지역이 1급 상수원이면 乙 지역도 1급 상수원이다.
㉢ 丁 지역이 1급 상수원이면 甲 지역도 1급 상수원이다.
㉣ 丙 지역이 1급 상수원이 아니면 戊 지역도 1급 상수원이 아니다.

① 甲 지역이 1급 상수원이면 丙 지역도 1급 상수원이다.
② 丁 지역이 1급 상수원이면 丙 지역은 1급 상수원이 아니다.
③ 丙 지역이 1급 상수원이면 甲 지역은 1급 상수원이 아니다.
④ 戊 지역이 1급 상수원이면 丁 지역은 1급 상수원이 아니다.
⑤ 戊 지역이 1급 상수원이면 丁 지역은 1급 상수원이 아니다.

19 고 대리, 윤 대리, 염 사원, 서 사원 중 1명은 갑작스런 회사의 사정으로 인해 오늘 당직을 서야 한다. 이들은 논의를 통해 당직자를 결정하였으나, 동료인 최 대리에게 다음 〈보기〉와 같이 말하였고, 이 중 1명만이 진실을 말하고, 3명은 거짓말을 하였다. 당직을 서게 될 사람과 진실을 말한 사람을 순서대로 알맞게 나열한 것은 어느 것인가?

〈보기〉
고 대리 : "윤 대리가 당직을 서겠다고 했어."
윤 대리 : "고 대리는 지금 거짓말을 하고 있어."
염 사원 : "저는 오늘 당직을 서지 않습니다, 최 대리님."
서 사원 : "당직을 서는 사람은 윤 대리님입니다."

① 고 대리, 서 사원
② 염 사원, 고 대리
③ 서 사원, 윤 대리
④ 염 사원, 윤 대리
⑤ 윤 대리, 염 사원

20 M사의 총무팀에서는 A 부장, B 차장, C 과장, D 대리, E 대리, F 사원이 각각 매 주말마다 한 명씩 사회봉사활동에 참여하기로 하였다. 이들이 다음 〈보기〉에 따라 사회봉사활동에 참여할 경우, 두 번째 주말에 참여할 수 있는 사람으로 짝지어진 것은 어느 것인가?

〈보기〉

1. B 차장은 A 부장보다 먼저 봉사활동에 참여한다.
2. C 과장은 D 대리보다 먼저 봉사활동에 참여한다.
3. B 차장은 첫 번째 주 또는 세 번째 주에 봉사활동에 참여한다.
4. E 대리는 C 과장보다 먼저 봉사활동에 참여하며, E 대리와 C 과장이 참여하는 주말 사이에는 두 번의 주말이 있다.

① A 부장, B 차장

② D 대리, E 대리

③ E 대리, F 사원

④ B 차장, C 과장, D 대리

⑤ E 대리

｜21~22｜ 덕현과 희선이는 가위바위보를 15번 실시하여 각자가 낸 것을 다음과 같이 표로 정리하였다. 이를 보고 이어지는 물음에 답하시오.

구분	가위	바위	보
덕현	2번	9번	4번
희선	5번	6번	4번

21 위의 표를 참고할 때, 가위바위보의 결과를 올바르게 설명한 것은 어느 것인가? (단, 무승부는 없다고 가정함)

① 덕현의 6승 9패

② 희선의 7승 8패

③ 덕현의 8승 7패

④ 희선의 6승 9패

⑤ 덕현의 10승 5패

22 다음 중 덕현과 희선의 가위바위보 승리 횟수에 따른 최종 승자와 패자가 반드시 뒤바뀔 수 있는 경우는 어느 것인가?

① 덕현의 바위와 보가 각각 1번씩 보와 바위로 바뀐다.

② 덕현과 희선의 바위가 각각 1번씩 가위로 바뀐다.

③ 희선의 가위 2번이 보로 바뀐다.

④ 희선의 바위 2번이 가위로 바뀐다.

⑤ 덕현의 가위 2번이 보로 바뀐다.

23 H공사에 다니는 乙 대리는 우리나라 근로자의 근로 시간에 관한 다음의 보고서를 작성하였는데 이 보고서를 검토한 甲 국장이 〈보기〉와 같은 추가사항을 요청하였다. 乙 대리가 추가로 작성해야 할 자료로 적절한 것은?

우리나라의 법정근로시간은 1953년 제정된 근로기준법에서는 주당 48시간이었지만, 이후 1989년 44시간으로, 그리고 2003년에는 40시간으로 단축되었다. 주당 40시간의 법정근로시간은 산업 및 근로자 규모별로 경과규정을 두어 연차적으로 실시하였지만, 2011년 7월 1일 이후는 모든 산업의 5인 이상 근로자에게로 확대되었다. 실제 근로시간은 법정근로시간에 주당 12시간까지 가능한 초과근로시간을 더한 시간을 의미한다.

2000년 이후 우리나라 근로자의 근로시간은 지속적으로 감소되어 2016년 5인 이상 임금근로자의 주당 근로시간이 40.6시간으로 감소했다. 이 기간 동안 2004년, 2009년, 2015년 비교적 큰 폭으로 증가했으나 전체적으로는 뚜렷한 감소세를 보인다. 사업체규모별·근로시간별로 살펴보면, 정규직인 경우 5~29인, 300인 이상 사업장의 근로시간이 42.0시간으로 가장 짧고, 비정규직의 경우 시간제 근로자의 비중의 영향으로 5인 미만 사업장의 근로시간이 24.8시간으로 가장 짧다. 산업별로는 광업, 제조업, 부동산업 및 임대업의 순으로 근로시간이 길고, 건설업과 교육서비스업의 근로시간이 가장 짧다.

국제비교에 따르면 널리 알려진 바와 같이 한국의 연간 근로시간은 2,113시간으로 멕시코의 2,246시간 다음으로 길다. 이는 OECD 평균의 1.2배, 근로시간이 가장 짧은 독일의 1.54배에 달한다.

〈보기〉

"乙 대리, 보고서가 너무 개괄적이군. 이번 안내 자료 작성을 위해서는 2016년 사업장 규모에 따른 정규직과 비정규직 근로자의 주당 근로시간을 비교할 수 있는 자료가 필요한데, 쉽게 알아볼 수 있는 별도 자료를 도표로 좀 작성해 주겠나?"

①

(단위 : 시간)

구분	근로형태(2016년)			
	정규직	비정규직	재택	파견
주당 근로시간	42.5	29.8	26.5	42.7

②

(단위 : 시간)

구분	2012	2013	2014	2015	2016
주당 근로시간	42.0	40.6	40.5	42.4	40.6

③

(단위 : 시간)

구분	산업별 근로시간(2016년)			
	광업	제조업	부동산업	운수업
주당 근로시간	43.8	43.6	43.4	41.8

④

(단위 : 시간)

구분	국가별 근로시간(2016년)				
	멕시코	한국	그리스	칠레	OECD
연간 근로시간	2,246	2,113	2,032	1,950	1,761

⑤

(단위 : 시간)

구분		사업장 규모(2016년)			
		5인 미만	5~29인	30~299인	300인 이상
주당 근로시간	정규직	42.8	42.0	43.2	42.0
	비정규직	24.8	30.2	34.7	35.8

24 100명의 근로자를 고용하고 있는 ○○기관 인사팀에 근무하는 S는 고용노동법에 따라 기간제 근로자를 채용하였다. 제시된 법령의 내용을 참고할 때, 기간제 근로자로 볼 수 없는 경우는?

제10조

① 이 법은 상시 5인 이상의 근로자를 사용하는 모든 사업 또는 사업장에 적용한다. 다만 동거의 친족만을 사용하는 사업 또는 사업장과 가사사용인에 대하여는 적용하지 아니한다.

② 국가 및 지방자치단체의 기관에 대하여는 상시 사용하는 근로자의 수에 관계없이 이 법을 적용한다.

제11조

① 사용자는 2년을 초과하지 아니하는 범위 안에서(기간제 근로계약의 반복갱신 등의 경우에는 계속 근로한 총 기간이 2년을 초과하지 아니하는 범위 안에서) 기간제 근로자※를 사용할 수 있다. 다만 다음 각 호의 어느 하나에 해당하는 경우에는 2년을 초과하여 기간제 근로자로 사용할 수 있다.

1. 사업의 완료 또는 특정한 업무의 완성에 필요한 기간을 정한 경우

2. 휴직·파견 등으로 결원이 발생하여 당해 근로자가 복귀할 때까지 그 업무를 대신할 필요가 있는 경우

3. 전문적 지식·기술의 활용이 필요한 경우와 박사 학위를 소지하고 해당 분야에 종사하는 경우

② 사용자가 제1항 단서의 사유가 없거나 소멸되었음에도 불구하고 2년을 초과하여 기간제 근로자로 사용하는 경우에는 그 기간제 근로자는 기간의 정함이 없는 근로계약을 체결한 근로자로 본다.

※ 기간제 근로자라 함은 기간의 정함이 있는 근로계약을 체결한 근로자를 말한다.

① 수습기간 3개월을 포함하여 1년 6개월간 A를 고용하기로 근로계약을 체결한 경우

② 근로자 E의 휴직으로 결원이 발생하여 2년간 B를 계약직으로 고용하였는데, E의 복직 후에도 B가 계속해서 현재 3년 이상 근무하고 있는 경우

③ 사업 관련 분야 박사학위를 취득한 C를 계약직(기간제) 연구원으로 고용하여 C가 현재 3년간 근무하고 있는 경우

④ 국가로부터 도급받은 3년간의 건설공사를 완성하기 위해 D를 그 기간 동안 고용하기로 근로계약을 체결한 경우

⑤ 근로자 F가 해외 파견으로 결원이 발생하여 돌아오기 전까지 3년간 G를 고용하기로 근로계약을 체결한 경우

25 ◇◇자동차그룹 기술개발팀은 수소연료전지 개발과 관련하여 다음의 자료를 바탕으로 회의를 진행하고 있다. 잘못된 분석을 하고 있는 사람은?

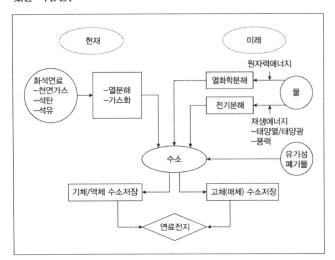

① 甲 : 현재는 석유와 천연가스 등 화석연료에서 수소를 얻고 있지만, 미래에는 재생에너지나 원자력을 활용한 수소 제조법이 사용될 것이다.

② 乙 : 수소는 기체, 액체, 고체 등 저장 상태에 관계없이 연료전지에 활용할 수 있다는 장점을 갖고 있다.

③ 丙 : 수소저장기술은 기체나 액체 상태로 저장하는 방식과 고체(매체)로 저장하는 방식으로 나눌 수 있다.

④ 丁 : 수소를 제조하는 기술에는 화석연료를 전기분해하는 방법과 재생에너지를 이용하여 물을 열분해하는 두 가지 방법이 있다.

⑤ 戊 : 수소는 물, 석유, 천연가스 및 유기성 폐기물 등에 함유되어 있으므로, 다양한 원료로부터 생산할 수 있다는 장점을 갖고 있다.

>> **직무수행능력평가(토목일반)**

26 표고가 350[m]인 산 위에서 키가 1.80[m]인 사람이 볼 수 있는 수평거리의 한계는? (단, 지구곡률 반지름은 6,370[km]이다.)

① 47.34[km]

② 55.22[km]

③ 66.95[km]

④ 3,778.22[km]

27 곡선반지름이 700[m]인 원곡선을 70[km/h]의 속도로 주행하려 할 때 캔트(Cant)는? (단, 궤간은 1.073[m], 중력가속도는 $9.8[m/s^2]$로 한다.)

① 57.14[mm]

② 58.14[mm]

③ 59.14[mm]

④ 60.14[mm]

28 수준측량에서 전시와 후시의 거리를 같게 하여 소거할 수 있는 오차가 아닌 것은?

① 지구의 곡률에 의해 생기는 오차

② 기포관축과 시준축이 평행되지 않기 때문에 생기는 오차

③ 시준선상에 생기는 빛의 굴절에 의한 오차

④ 표척의 조정 불완전으로 인해 생기는 오차

29 측량에 있어 미지값을 관측할 경우에 나타나는 오차와 관련된 설명으로 바르지 않은 것은?

① 경중률은 분산에 반비례한다.

② 경중률은 반복관측일 경우 각 관측값 간의 편차를 의미한다.

③ 일반적으로 큰 오차가 생길 확률은 작은 오차가 생길 확률보다 매우 작다.

④ 표준편차는 각과 거리같은 1차원의 경우에 대한 정밀도의 척도이다.

30 축척 1:25000의 지형도에서 거리가 6.73cm인 두 점 사이의 거리를 다른 축척의 지형도에서 측정한 결과 11.21cm이었다면 이 지형도의 축척은 약 얼마인가?

① 1:20000

② 1:18000

③ 1:15000

④ 1:13000

31 다음 그림과 같이 피압수압을 받고 있는 2m 두께의 모래층이 있다. 그 위에 포화된 점토층을 5m 깊이로 굴착하는 경우 분사현상이 발생하지 않도록 하기 위한 수심 h는 최소 얼마를 초과하도록 하여야 하는가?

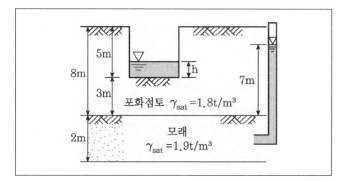

① 1.3m

② 1.6m

③ 1.9m

④ 2.4m

32 다음 중 투수계수를 좌우하는 요인이 아닌 것은?

① 토립자의 비중

② 토립자의 크기

③ 포화도

④ 간극의 형상과 배열

33 단동식 증기해머로 말뚝을 박았다. 해머의 무게 2.5t, 낙하고 3m, 타격 당 말뚝의 평균관입량 1cm, 안전율 6일 때 Engineering-News 공식으로 허용지지력을 구하면?

① 250t

② 200t

③ 100t

④ 50t

34 흙의 강도에 대한 설명으로 바르지 않은 것은?

① 점성토에서는 내부마찰각이 작고 사질토에서는 점착력이 작다.

② 일축압축시험은 주로 점성토에 많이 사용한다.

③ 이론상 모래의 내부마찰각은 0이다.

④ 흙의 전단응력은 내부마찰각과 점착력의 두 성분으로 이루어진다.

35 토질조사에 대한 설명으로 바르지 않은 것은?

① 표준관입시험은 정적인 사운딩이다.

② 보링의 깊이는 설계의 형태 및 크기에 따라 변한다.

③ 보링의 위치와 수는 지형조건 및 설계형태에 따라 변한다.

④ 보링구멍은 사용 후에 흙이나 시멘트 그라우트로 메워야 한다.

36 직사각형 단면의 위어에서 수두(h) 측정에 2%의 오차가 발생했을 때, 유량(Q)에 발생되는 오차는?

① 1%

② 2%

③ 3%

④ 4%

37 다음 물의 흐름에 대한 설명으로 바른 것은?

① 수심은 깊으나 유속이 느린 흐름을 사류라고 한다.

② 물의 분자가 흩어지지 않고 질서정연하게 흐르는 흐름을 난류라고 한다.

③ 모든 단면에 있어 유적과 유속이 시간에 따라 변하는 것을 정류라고 한다.

④ 에너지선과 동수경사선의 높이의 차는 일반적으로 $\frac{V^2}{2g}$ 이다.

38 0.3[m³/sec]의 물을 실양정 45m의 높이로 양수하는 데 필요한 펌프의 동력은? (단, 마찰손실수두는 18.6[m]이다.)

① 186.98[kW]

② 196.98[kW]

③ 214.4[kW]

④ 224.4[kW]

39 정상류의 흐름에 대한 설명으로 바른 것은?

① 흐름특성이 시간에 따라 변하지 않는 흐름이다.

② 흐름특성이 공간에 따라 변하지 않는 흐름이다.

③ 흐름특성이 단면에 관계없이 동일한 흐름이다.

④ 흐름특성이 시간에 따라 일정한 비율로 변하는 흐름이다.

40 강우강도 공식에 관한 설명으로 바르지 않은 것은?

① 강우강도(I)와 강우지속시간(D)과의 관계로서 Talbot, Sherman, Japanese형의 경험공식에 의해 표현될 수 있다.

② 강우강도 공식은 자기우량계의 우량자료로부터 결정되며, 지역에 무관하게 적용이 가능하다.

③ 도시지역의 우수거, 고속도로 암거 등의 설계 시에 기본 자료로서 널리 이용된다.

④ 강우강도가 커질수록 강우가 계속되는 시간은 일반적으로 작아지는 반비례관계이다.

41 부분 프리스트레싱(Partial Prestressing)에 대한 설명으로 옳은 것은?

① 부재단면의 일부에만 프리스트레스를 도입하는 방법이다.

② 구조물에 부분적으로 프리스트레스트 콘크리트 부재를 사용하는 방법이다.

③ 사용하중 작용 시 프리스트레스트 콘크리트 부재 단면의 일부에 인장응력이 생기는 것을 허용하는 방법이다.

④ 프리스트레스트 콘크리트 부재 설계 시 부재 하단에만 프리스트레스를 주고 부재 상단에는 프리스트레스 하지 않는 방법이다.

42 철근 콘크리트보에 스터럽을 배근하는 가장 중요한 이유로 옳은 것은?

① 주철근 상호간의 위치를 바르게 하기 위하여

② 보에 작용하는 사인장 응력에 의한 균열을 제어하기 위하여

③ 콘크리트와 철근과의 부착강도를 높이기 위하여

④ 압축측 콘크리트의 좌굴을 방지하기 위하여

43 다음 중 표준갈고리를 갖는 인장이형철근의 정착에 대한 설명으로 바르지 않은 것은? (단, d_b는 철근의 공칭지름이다.)

① 갈고리는 압축을 받는 경우 철근정착에 유효하지 않은 것으로 본다.

② 정착길이는 위험단면으로부터 갈고리의 외측단까지의 길이로 나타낸다.

③ f_{sp}값이 규정되어 있지 않은 경우 모래경량콘크리트계수는 0.7이다.

④ 기본정착길이에 보정계수를 곱하여 정착길이를 계산하는 데 이렇게 구한 정착길이는 항상 $8d_b$이상, 또한 150mm 이상이어야 한다.

44 철근의 겹침이음 등급에서 A급이음의 조건은 다음 중 어느 것인가?

① 배치된 철근량이 이음부 전체구간에서 해석결과 요구되는 소요철근량의 3배 이상이고 소요겹침이음길이 내 겹침이음된 철근량이 전체 철근량의 1/3 이상인 경우

② 배치된 철근량이 이음부 전체 구간에서 해석결과 요구되는 소요 철근량의 3배 이상이고 소요겹침이음길이 내 겹침이음된 철근량이 전체 철근량의 1/2 이하인 경우

③ 배치된 철근량이 이음부 전체 구간에서 해석결과 요구되는 소요철근량의 2배 이상이고 소요겹침이음길이 내 겹침이음된 철근량이 전체 철근량의 1/3 이상인 경우

④ 배치된 철근량이 이음부 전체 구간에서 해석결과 요구되는 소요철근량의 2배 이상이고 소요겹침이음길이 내 겹침이음된 철근량이 전체 철근량의 1/2 이상인 경우

45 강도설계에서 $f_{ck}=29MPa$, $f_y=300MPa$일 때 단철근 직사각형보의 균형철근비(ρ_b)는?

① 0.034

② 0.046

③ 0.051

④ 0.067

46 단면의 성질에 관한 설명으로 바르지 않은 것은?

① 단면2차 모멘트의 값은 항상 0보다 크다.

② 도심축에 대한 단면1차 모멘트의 값은 항상 0이다.

③ 단면상승모멘트의 값은 항상 0보다 크거나 같다.

④ 단면2차 극모멘트의 값은 항상 극을 원점으로 하는 두 직교좌표축에 대한 단면2차 모멘트의 합과 같다.

47 그림과 같은 단주에서 편심거리 e에 $P=800kg$이 작용할 때 단면에 인장력이 생기지 않기 위한 e의 한계는?

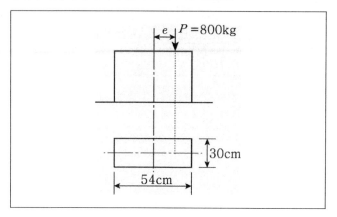

① 5cm

② 8cm

③ 9cm

④ 10cm

48 직사각형 단면 보의 단면적을 A, 전단력을 V라고 할 때 최대 전단응력 τ_{max}는?

① $\dfrac{2}{3}\dfrac{V}{A}$

② $\dfrac{3}{2}\dfrac{V}{A}$

③ $3\dfrac{V}{A}$

④ $2\dfrac{V}{A}$

49 다음과 같은 보의 A점의 수직반력 V_A는?

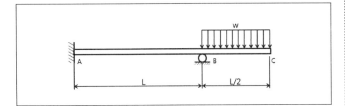

① $\dfrac{3}{8}wl(\downarrow)$

② $\dfrac{1}{4}wl(\downarrow)$

③ $\dfrac{3}{16}wl(\downarrow)$

④ $\dfrac{3}{32}wl(\downarrow)$

50 보의 탄성변형에서 내력이 한 일을 그 지점의 반력으로 1차 편미분한 것은 0이 된다는 정리는 다음 중 어느 것인가?

① 중첩의 원리

② 맥스웰베티의 상반원리

③ 최소일의 원리

④ 카스틸리아노의 제1정리

서 원 각

www.goseowon.com

코레일
(한국철도공사)
필기시험 모의고사

- 토목 -

제 4 회	영 역	직업기초능력평가(의사소통능력, 수리능력, 문제해결능력) 직무수행능력평가(토목일반)
	문항수	25문항, 25문항
	시 간	60분
	비 고	객관식 5지선다형, 객관식 4지선다형

SEOWONGAK
(주)서원각

〉〉 직업기초능력평가

1 다음 중 밑줄 친 부분과 같은 의미로 쓰인 것은?

"자숙 말고 자수하라" 이는 공연·연극·문화·예술계 전반에 퍼진 미투(#MeToo) 운동을 지지하는 위드유(with you) 집회에서 울려 퍼진 구호이다. 성범죄 피해자에 대한 제대로 된 사과와 진실규명을 바라는 목소리라고 할 수 있다. 그동안 전○○거리패 연출가를 시작으로 유명한 중견 남성 배우들의 성추행 폭로가 줄을 이었는데, 폭로에 의해 밝혀지는 것보다 스스로 밝히는 것이 나을 것이라 판단한 것인지 자진신고자도 나타났다. 연극계에 오랫동안 몸담고서 영화와 드라마에서도 인상 깊은 연기를 펼쳤던 한 남성 배우는 과거 성추행 사실을 털어놓으며 공식 사과했다.

① 그는 공부 말고도 운동, 바둑, 컴퓨터 등 모든 면에서 너보다 낫다.
② 뜨거운 숭늉에 밥을 말고 한 술 뜨기 시작했다.
③ 그는 땅바닥에 털썩 주저앉아 종이에 담배를 말고 피우기 시작했다.
④ 유치한 소리 말고 가만있으라는 말에 입을 다물었다.
⑤ 거짓말 말고 사실대로 대답하라.

2 다음은 H공단에서 공지한 공고문의 내용이다. 이 공고문의 수정사항을 지적한 〈보기〉와 내용 중, 적절한 것을 모두 고른 것은 어느 것인가?

〈2018년 지정측정기관 평가 실시 공고〉

산업안전보건법 제42조제9항, 시행규칙 제97조, 고용노동부고시 제2017-27호에 따라 「2018년 지정측정기관 평가」 실시계획을 다음과 같이 공고합니다.

1. 평가방법 : 기관별 방문평가
2. 평가표 : 지정측정기관 평가 설명회 시(3월 8일) 배포
3. 평가대상기관 : 산업안전보건법 시행령 제32조의3에 따른 지정측정기관
4. 평가자 : 안전보건공단 직원 및 외부전문가
5. 평가대상 업무 : 2016년도 평가일 기준 최근 2년간 업무 (2016.1.27.~2017.12.31.)
   ※ 평가대상 기관 중 2016.1.27. 이후 지정받은 기관인 경우에는 지정측정기관 지정일로부터 2017.12.31.까지 수행한 업무에 대하여 평가
6. 평가일정
• 평가실시 : 2018. 3월 26일(월)~7월 13일(금) 중 1~2일
   ※ 기관평가 방문일은 평가반별로 해당 기관과 유선 협의 후 확정
• 평가결과(절대점수) 통보 : 2018. 7월 중
• 이의신청 접수 및 처리 : 2018. 8월 중
   ※ 이의신청 내용이 타당한 경우에 한하여 재평가 실시
• 최종 평가결과 평가등급 공표 : 2018. 8월 중

2018년 2월 23일
한국 H공단

⑺ 개별 통보기관에 대한 설명이 없어 자사가 대상기관에 해당되는지 알 수 없다.
⑼ 날짜를 숫자로 표기할 경우, '일'을 표기하는 숫자 뒤에 마침표를 쓰지 않아야 한다.
⑻ 문의사항과 관련한 연락처를 제공하지 않아 불편함이 예상된다.
⑽ 평가방법과 평가표에 대한 내용을 먼저 작성하는 것은 순서에 맞지 않는다.

① ⑼, ⑻, ⑽   ② ⑺, ⑻, ⑽
③ ⑺, ⑼, ⑽   ④ ⑺, ⑼, ⑻
⑤ ⑺, ⑼, ⑻, ⑽

3 다음과 같이 작성된 기후변화에 따른 수자원 전망 보고서 내용을 검토한 팀장의 반응으로 적절하지 않은 것은 다음 보기 중 어느 것인가?

부문		기후변화 영향(2050년)
자연 환경	산림 식생대	• 소나무 식생지역→경기북부, 강원 지역에만 분포 • 동백나무 등 난대 수종→서울에서 관찰 가능
	육상 생태계	• 생태계 변화, 서식지 축소→생물다양성 감소 • 꽃매미 등 남방계 외래 곤충 증가 • 맷돼지 개체수 증가로 농작물 피해 확산
	해양 생태계	• 제주 산호 군락지→백화현상 • 난대성 어종 북상(여름), 한대성 어종 남하(겨울) －꽃게어장 : 연평도 부근→북한 영해 －참조기, 갈치 : 제주→전남 경남 연안 －대구 : 동해, 경남 진해→전남 고흥, 여수
생활 환경	물관리	• 집중호우로 하천 유역, 도심지 홍수발생 가능성 증가 • 가뭄 발생, 생활·농업용수 수요 증가→물 부족
	해수면 상승	• 해수면·해일고 상승→해안 저지대 범람, 침식 －해수면 상승으로 여의도 면적 7.7배 범람(2020년) • 일부 방조제·항구 등 범람에 취약
	건강	• 폭염·열대야 1개월간 지속→노인, 환자 등 취약 • 말라리아, 뎅기열 등 아열대성 질병 증가 －기온 1℃ 상승→말라리아(3%), 쯔쯔가무시병(6%) 증가
산업	농업	• 쌀, 과수·채소 등 품질저하, 생산성 감소 －매년 2~4만ha 경작지 감소 －기온 2℃ 상승→사과 생산량(34%), 고랭지 배추 재배 면적(70% 이상) 감소 • 품종개량 및 신품종 재배 기회 창출
	수산업	• 수온 상승으로 인한 하천 밑바닥 저산소 현상 확대, 대형 해파리 증가→어업·양식업 피해 발생 • 참치 등 난대성 어종 양식 기회 제공
	산업전반	• 산업생산 차질, 전력 수급 불안정 등 발생 • 기후친화형 산업, 관광·레저 부문 활성화

① "한파로 인한 겨울철 저수온 현상 때문에 내가 좋아하는 대구가 인천 부근에서도 잡히겠는걸."

② "여름철 폭염과 집중호우가 잦아진다는 얘기군. 대책이 필요하겠어."

③ "제방의 홍수방어 능력도 감소할 것 같고, 가뭄과 홍수가 보다 빈번해질 것 같아 걱정이 되는군."

④ "수온 상승으로 참치 가격이 내려가겠지만, 하천 밑바닥 저산소 현상으로 어류 생태계도 위험해질 수 있겠네."

⑤ "아프리카로 출장 가는 사람들의 예방 접종률이나 경각심 고취 등에는 도움이 될 만한 변화군."

4 다음은 산재보험의 소멸과 관련된 글이다. 다음 보기 중 글의 내용을 올바르게 이해한 것이 아닌 것은 무엇인가?

가. 보험관계의 소멸사유

• 사업의 폐지 또는 종료 : 사업이 사실상 폐지 또는 종료된 경우를 말하는 것으로 법인의 해산등기 완료, 폐업신고 또는 보험관계소멸신고 등과는 관계없음

• 직권소멸 : 근로복지공단이 보험관계를 계속해서 유지할 수 없다고 인정하는 경우에는 직권소멸 조치

• 임의가입 보험계약의 해지신청 : 사업주의 의사에 따라 보험계약해지 신청가능하나 신청 시기는 보험가입승인을 얻은 해당 보험 연도 종료 후 가능

• 근로자를 사용하지 아니할 경우 : 사업주가 근로자를 사용하지 아니한 최초의 날부터 1년이 되는 날의 다음날 소멸

• 일괄적용의 해지 : 보험가입자가 승인을 해지하고자 할 경우에는 다음 보험 연도 개시 7일 전까지 일괄적용해지신청서를 제출하여야 함

나. 보험관계의 소멸일 및 제출서류

(1) 사업의 폐지 또는 종료의 경우

• 소멸일 : 사업이 사실상 폐지 또는 종료된 날의 다음 날

• 제출서류 : 보험관계소멸신고서 1부

• 제출기한 : 사업이 폐지 또는 종료된 날의 다음 날부터 14일 이내

(2) 직권소멸 조치한 경우

• 소멸일 : 공단이 소멸을 결정·통지한 날의 다음날

(3) 보험계약의 해지신청

• 소멸일 : 보험계약해지를 신청하여 공단의 승인을 얻은 날의 다음 날

• 제출서류 : 보험관계해지신청서 1부

※ 다만, 고용보험의 경우 근로자(적용제외 근로자 제외) 과반수의 동의를 받은 사실을 증명하는 서류(고용보험 해지신청 동의서)를 첨부하여야 함

---

① 고용보험과 산재보험의 해지 절차가 같은 것은 아니다.

② 사업장의 사업 폐지에 따른 서류 및 행정상의 절차가 완료되어야 보험관계가 소멸된다.

③ 근로복지공단의 판단으로도 보험관계가 소멸될 수 있다.

④ 보험 일괄해지를 원하는 보험가입자는 다음 보험 연도 개시 일주일 전까지 서면으로 요청을 해야 한다.

⑤ 보험계약해지 신청에 대한 공단의 승인이 12월 1일에 났다면 그 보험계약은 12월 2일에 소멸된다.

5 甲의 견해에 근거할 때 정치적으로 가장 불안정할 것으로 예상되는 정치체제의 유형은?

민주주의 정치체제 분류는 선거제도와 정부의 권력구조(의원내각제 혹은 대통령제)를 결합시키는 방식에 따라 크게 A, B, C, D, E 다섯 가지 유형으로 나눌 수 있다. A형은 의원들이 비례대표제에 의해 선출되는 의원내각제의 형태다. 비례대표제는 총 득표수에 비례해서 의석수를 배분하는 방식이다. B형은 단순다수대표제 방식으로 의원들을 선출하는 의원내각제의 형태다. 단순다수대표제는 지역구에서 1인의 의원을 선출하는 방식이다. C형은 의회 의원들을 단순다수대표 선거제도에 의해 선출하는 대통령제 형태다. D형의 경우 의원들은 비례대표제 방식을 통해 선출하며 권력구조는 대통령제를 선택하고 있는 형태다. 마지막으로 E형은 일종의 혼합형으로 권력구조에서는 상당한 권한을 가진 선출직 대통령과 의회에 기반을 갖는 수상이 동시에 존재하는 형태다. 의회 의원은 단순다수대표제에 의해 선출된다.

한편 甲은 "한 국가의 정당체제는 선거제도에 의해 영향을 받는다. 민주주의 국가들에 대한 비교 연구 결과에 의하면 비례대표제를 의회 선거제도로 운용하고 있는 국가들의 정당체제는 대정당과 더불어 군소정당이 존립하는 다당제 형태가 일반적이다. 전국을 다수의 지역구로 나누고 그 지역구별로 1인을 선출하는 단순다수대표제의 경우 군소정당 후보자들에게 불리하며, 따라서 두 개의 지배적인 정당이 출현하는 양당제의 형태가 자리 잡게 된다. 또한 정치적 안정 여부는 정당체제가 어떤 권력 구조와 결합하는가에 따라 결정된다. 의원내각제는 양당제와 다당제 모두와 조화되어 정치적 안정을 도모할 수 있는 반면 혼합형과 대통령제의 경우 정당체제가 양당제일 경우에만 정치적으로 안정되는 현상을 보인다."라고 주장하였다.

① A형　　　　　② B형
③ C형　　　　　④ D형
⑤ E형

6 다음 글의 내용과 일치하지 않는 것은?

우리는 흔히 나무와 같은 식물이 대기 중에 이산화탄소로 존재하는 탄소를 처리해 주는 것으로 알고 있지만, 바다 또한 중요한 역할을 한다. 예를 들어 수없이 많은 작은 해양생물들은 빗물에 섞인 탄소를 흡수한 후에 다른 것들과 합쳐서 껍질을 만드는 데 사용한다. 결국 해양생물들은 껍질에 탄소를 가두어 둠으로써 탄소가 대기 중으로 다시 증발해서 위험한 온실가스로 축적되는 것을 막아 준다. 이들이 죽어서 바다 밑으로 가라앉으면 압력에 의해 석회석이 되는데, 이런 과정을 통해 땅속에 저장된 탄소의 양은 대기 중에 있는 것보다 수만 배나 되는 것으로 추정된다. 그 석회석 속의 탄소는 화산 분출로 다시 대기 중으로 방출되었다가 빗물과 함께 땅으로 떨어진다. 이 과정은 오랜 세월에 걸쳐 일어나는데, 이것이 장기적인 탄소 순환과정이다. 특별한 다른 장애 요인이 없다면 이 과정은 원활하게 일어나 지구의 기후는 안정을 유지할 수 있다.

그러나 불행하게도 인간의 산업 활동은 자연이 제대로 처리할 수 없을 정도로 많은 양의 탄소를 대기 중으로 방출한다. 영국 기상대의 피터 쿡스에 따르면, 자연의 생물권이 우리가 방출하는 이산화탄소의 영향을 완충할 수 있는 데에는 한계가 있기 때문에, 그 한계를 넘어서면 이산화탄소의 영향이 더욱 증폭된다. 지구 온난화가 걷잡을 수 없이 일어나게 되는 것은 두려운 일이다. 지구 온난화에 적응을 하지 못한 식물들이 한꺼번에 죽어 부패해서 그 속에 가두어져 있는 탄소가 다시 대기로 방출되면 문제는 더욱 심각해질 것이기 때문이다.

① 식물이나 해양생물은 기후 안정성을 유지하는 데에 기여한다.
② 생명체가 지니고 있던 탄소는 땅속으로 가기도 하고 대기로 가기도 한다.
③ 탄소는 화산 활동, 생명체의 부패, 인간의 산업 활동 등을 통해 대기로 방출된다.
④ 극심한 오염으로 생명체가 소멸되면 탄소의 순환 고리가 끊겨 대기 중의 탄소도 사라진다.
⑤ 자연의 생물권은 대기 중 이산화탄소의 영향을 어느 정도 완충할 수 있다.

|7~8| 다음 글을 읽고 물음에 답하시오.

지레는 받침과 지렛대를 이용하여 물체를 쉽게 움직일 수 있는 도구이다. 지레에서 힘을 주는 곳을 힘점, 지렛대를 받치는 곳을 받침점, 물체에 힘이 작용하는 곳을 작용점이라 한다. 받침점에서 힘점까지의 거리가 받침점에서 작용점까지의 거리에 비해 멀수록 힘점에 작은 힘을 주어 작용점에서 물체에 큰 힘을 가할 수 있다. 이러한 지레의 원리에는 돌림힘의 개념이 숨어있다.

물체의 회전 상태에 변화를 일으키는 힘의 효과를 돌림힘이라고 한다. 물체에 회전 운동을 일으키거나 물체의 회전 속도를 변화시키려면 물체에 힘을 가해야 한다. 같은 힘이라도 회전축으로부터 얼마나 멀리 떨어진 곳에 가해 주느냐에 따라 회전 상태의 변화 양상이 달라진다. 물체에 속한 점 X와 회전축을 최단 거리로 잇는 직선과 직각을 이루는 동시에 회전축과 직각을 이루도록 힘을 X에 가한다고 하자. 이때 물체에 작용하는 돌림힘의 크기는 회전축에서 X까지의 거리와 가해 준 힘의 크기의 곱으로 표현되고 그 단위는 N·m(뉴턴미터)이다.

동일한 물체에 작용하는 두 돌림힘의 합을 알짜 돌림힘이라 한다. 두 돌림힘의 방향이 같으면 알짜 돌림힘의 크기는 두 돌림힘의 크기의 합이 되고 그 방향은 두 돌림힘의 방향과 같다. 두 돌림힘의 방향이 서로 반대이면 알짜 돌림힘의 크기는 두 돌림힘의 크기의 차가 되고 그 방향은 더 큰 돌림힘의 방향과 같다. 지레의 힘점에 힘을 주지만 물체가 지레의 회전을 방해하는 힘을 작용점에 주어 지레가 움직이지 않는 상황처럼, 두 돌림힘의 크기가 같고 방향이 반대이면 알짜 돌림힘은 0이 되고 이때를 돌림힘의 평형이라고 한다.

회전 속도의 변화는 물체에 알짜 돌림힘이 일을 해 주었을 때에만 일어난다. 돌고 있는 팽이에 마찰력이 일으키는 돌림힘을 포함하여 어떤 돌림힘도 작용하지 않으면 팽이는 영원히 돈다. 일정한 형태의 물체에 일정한 크기와 방향의 알짜 돌림힘을 가하여 물체를 회전시키면, 알짜 돌림힘이 한 일은 알짜 돌림힘의 크기와 회전 각도의 곱이고 그 단위는 J(줄)이다.

> 가령, 마찰이 없는 여닫이문이 정지해 있다고 하자. 갑은 지면에 대하여 수직으로 서 있는 문의 회전축에서 1m 떨어진 지점을 문의 표면과 직각으로 300N의 힘으로 밀고, 을은 문을 사이에 두고 갑의 반대쪽에서 회전축에서 2m 만큼 떨어진 지점을 문의 표면과 직각으로 200N의 힘으로 미는 상태에서 문이 90° 즉, 0.5π 라디안을 돌면, 알짜 돌림힘이 문에 해 준 일은 50π J이다.

알짜 돌림힘이 물체를 돌리려는 방향과 물체의 회전 방향이 일치하면 알짜 돌림힘이 양(+)의 일을 하고 그 방향이 서로 반대이면 음(−)의 일을 한다. 어떤 물체에 알짜 돌림힘이 양의 일을 하면 그만큼 물체의 회전 운동 에너지는 증가하고 음의 일을 하면 그만큼 회전 운동 에너지는 감소한다. 형태가 일정한 물체의 회전 운동 에너지는 회전 속도의 제곱에 정비례한다. 그러므로 형태가 일정한 물체에 알짜 돌림힘이 양의 일을 하면 회전 속도가 증가하고, 음의 일을 하면 회전 속도가 감소한다.

7 윗글의 내용과 일치하지 않는 것은?

① 물체에 힘이 가해지지 않으면 돌림힘은 작용하지 않는다.

② 물체에 가해진 알짜 돌림힘이 0이 아니면 물체의 회전 상태가 변화한다.

③ 회전 속도가 감소하고 있는, 형태가 일정한 물체에는 돌림힘이 작용한다.

④ 힘점에 힘을 받는 지렛대가 움직이지 않으면 돌림힘의 평형이 이루어져 있다.

⑤ 형태가 일정한 물체의 회전 속도가 2배가 되면 회전 운동 에너지는 2배가 된다.

8 박스 안의 예에서 문이 90° 회전하는 동안의 상황에 대한 이해로 적절한 것은?

① 갑의 돌림힘의 크기는 을의 돌림힘의 크기보다 크다.

② 알짜 돌림힘과 갑의 돌림힘은 방향이 같다.

③ 문에는 돌림힘의 평형이 유지되고 있다.

④ 문의 회전 운동 에너지는 점점 증가한다.

⑤ 알짜 돌림힘의 크기는 점점 증가한다.

9 다음에 제시된 K공단에 관한 글의 단락 ㈎~㈒ 중, 내용상의 성격이 나머지와 다른 하나는 어느 것인가?

㈎ 2013년 말부터 2014년 2월까지 지역별 인적자원개발위원회는 첫 번째 지역별 훈련조사를 실시하였으며, 이후 매년 7~10월 지역별 훈련수요의 정기조사를 실시하고 있다. 이러한 결과를 기반으로 지역·산업맞춤형 훈련을 실시하여 훈련의 충실도와 만족도를 높여가는 한편 중소기업의 직업능력개발 참여 기반 확대를 위하여 기업 규모에 따라 훈련비용을 차등 지원하고 직접 홍보방식을 활용, 사업에 대한 이해도와 참여도를 제고하였다. 2014년 29개 공동훈련센터 운영을 시작으로 2015년에는 51개, 2016년 62개로 확대되어 지역별로 2~9개의 훈련센터를 운영하였다.

㈏ 2014년 5월 「국가기술자격법」 제10조 개정 신설을 통해 과정평가형자격 제도 도입을 위한 법적 근거가 마련된 이후, 기계설계산업기사 등 15종목을 과정평가형자격 신청 대상 종목으로 선정하는 등 과정평가형자격 운영을 위한 인프라를 구축하였다. 이후 2015년 미용사(일반) 등 15종목과 2016년 기계설계기사 등 31종목을 각각 추가 선정하여 과정평가형자격의 확산 기반을 마련하였다.

㈐ 외국인근로자 체류지원 사업은 입국초기 모니터링, 사업장 애로해소 지원, 사업주 외국인고용관리교육, 재직자 직업훈련 등이 있다. 입국초기 모니터링은 2012년까지 일부를 대상으로 사업장 적응을 확인하는 수준이었으나, 2013년을 기점으로 당해 연도 입국한 외국인근로자 전체를 대상으로 확대하여 2016년 5만 7010명의 입국초기 사업장 적응을 지원하는 등 현재에까지 이르고 있다.

㈑ 2017년부터 2022년까지의 중장기 경영목표 체계에서 공단의 미션은 '인적자원 개발·평가·활용을 통한 능력중심사회의 구현'이고, 비전은 '사람과 일터의 가치를 높여주는 인적자원 개발·평가·활용 지원 중심기관'이다. 공단의 미션과 비전의 중심인 '인적자원 개발·평가·활용'은 공단사업의 다양성을 보여주고 있다. 능력개발사업은 인적자원 개발, 능력평가사업은 인적자원 평가, 외국인력고용지원과 청년해외취업은 인적자원 활용과 관련이 있다. 한국폴리텍대학, 한국기술교육대학교, 한국고용정보원, 한국직업능력개발원, 직업능력심사평가원, 한국기술자격검정원 등이 공단의 일부 기능을 이관 받아 설립된 조직들이고 현재에도 직업능력개발 분야뿐만 아니라 고용 관련 다양한 분야에서 사업을 하는 공단은 창립 제35주년을 맞아 향후 고용 및 인적자원 분야의 허브기관으로서의 역할과 정체성 확립도 함께 고민하여야 한다.

㈒ 통합 정보 제공을 위한 플랫폼인 월드잡플러스 역시 주요한 인프라 확대이다. 2015년 이전 해외진출 정보는 각 부처별로 산재되어 있었으나, 2015년 월드잡플러스를 구축하여 해외진출에 대한 모든 정보를 집중하였다. 포털에는 해외취업뿐만 아니라 인턴, 봉사, 창업 등에 관한 정보가 모두 제공되고 있으며, 사이트의 기능을 모두 담고 있는 모바일 앱을 개발, 배포하여 접근성을 높였다. 통합 이후 일평균 방문자수, 회원수 등이 빠르게 증가하여 2016년에는 신규가입자 수가 전년 대비 10배 이상 증가하여 55만 6384명, 일평균 방문자수가 7333명에 이르렀고 누적 회원수는 100만 명을 돌파하였다.

① ㈎ ② ㈏
③ ㈐ ④ ㈑
⑤ ㈒

10 철도 레일 생산업체인 '강한 금속'은 A, B 2개의 생산라인에서 레일을 생산한다. 2개의 생산라인을 하루 종일 가동할 경우 3일 동안 525개의 레일을 생산할 수 있으며, A라인만을 가동하여 생산할 경우 90개/일의 레일을 생산할 수 있다. A라인만을 가동하여 5일간 제품을 생산하고 이후 2일은 B라인만을, 다시 추가로 2일간은 A, B라인을 함께 가동하여 생산을 진행한다면, 강한 금속이 생산한 총 레일의 개수는 모두 몇 개인가?

① 940개 ② 970개
③ 1,050개 ④ 1,120개
⑤ 1,270개

11 다음은 L공사의 토지판매 알선장려금 산정 방법에 대한 표와 알선장려금을 신청한 사람들의 정보이다. 이를 바탕으로 지급해야 할 알선장려금이 잘못 책정된 사람을 고르면?

[토지판매 알선장려금 산정 방법]
□ 일반토지(산업시설용지 제외) 알선장려금(부가가치세 포함된 금액)

계약기준금액	수수료율(중개알선장려금)	한도액
4억 원 미만	계약금액 × 0.9%	360만 원
4억 원 이상~8억 원 미만	360만 원 + (4억 초과 금액 × 0.8%)	680만 원
8억 원 이상~15억 원 미만	680만 원 + (8억 초과 금액 × 0.7%)	1,170만 원
15억 원 이상~40억 원 미만	1,170만 원 + (15억 초과 금액 × 0.6%)	2,670만 원
40억 원 이상	2,670만 원 + (40억 초과 금액 × 0.5%)	3,000만 원 (최고한도)

□ 산업·의료시설용지 알선장려금(부가가치세 포함된 금액)

계약기준금액	수수료율(중개알선장려금)	한도액
해당 없음	계약금액 × 0.9%	5,000만 원 (최고한도)

□ 알선장려금 신청자 목록
 - 김유진 : 일반토지 계약금액 3억 5천만 원
 - 이영희 : 산업용지 계약금액 12억 원
 - 심현우 : 일반토지 계약금액 32억 8천만 원
 - 이동훈 : 의료시설용지 계약금액 18억 1천만 원
 - 김원근 : 일반용지 43억 원

① 김유진 : 315만 원

② 이영희 : 1,080만 원

③ 심현우 : 2,238만 원

④ 이동훈 : 1,629만 원

⑤ 김원근 : 3,000만 원

12 다음은 조선시대 한양의 조사시기별 가구수 및 인구수와 가구 구성비에 대한 자료이다. 이에 대한 설명 중 옳은 것만을 모두 고르면?

〈조사시기별 가구수 및 인구수〉

(단위 : 호, 명)

조사시기	가구수	인구수
1729년	1,480	11,790
1765년	7,210	57,330
1804년	8,670	68,930
1867년	27,360	144,140

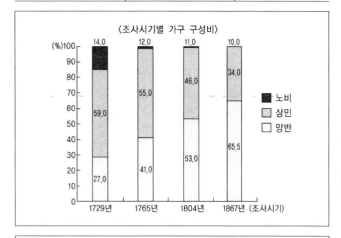

〈조사시기별 가구 구성비〉

㉠ 1804년 대비 1867년의 가구당 인구수는 증가하였다.

㉡ 1765년 상민가구 수는 1804년 양반가구 수보다 적다.

㉢ 노비가구 수는 1804년이 1765년보다는 적고 1867년보다는 많다.

㉣ 1729년 대비 1765년에 상민가구 구성비는 감소하였고 상민 가구 수는 증가하였다.

① ㉠, ㉡

② ㉠, ㉢

③ ㉡, ㉣

④ ㉠, ㉢, ㉣

⑤ ㉠, ㉡, ㉢, ㉣

13 다음은 사원 6명의 A~E항목 평가 자료의 일부이다. 이에 대한 설명 중 옳은 것은?

(단위 : 점)

과목＼사원	A	B	C	D	E	평균
김영희	( )	14	13	15	( )	( )
이민수	12	14	( )	10	14	13.0
박수민	10	12	9	( )	18	11.8
최은경	14	14	( )	17	( )	( )
정철민	( )	20	19	17	19	18.6
신상욱	10	( )	16	( )	16	( )
계	80	( )	( )	84	( )	( )
평균	( )	14.5	14.5	( )	( )	( )

※ 항목별 평가 점수 범위는 0~20점이고, 모든 항목 평가에서 누락자는 없음

※ 사원의 성취수준은 5개 항목 평가 점수의 산술평균으로 결정함

- 평가 점수 평균이 18점 이상 20점 이하 : 우월수준

- 평가 점수 평균이 15점 이상 18점 미만 : 우수수준

- 평가 점수 평균이 12점 이상 15점 미만 : 보통수준

- 평가 점수 평균이 12점 미만 : 기초수준

① 김영희 사원의 성취수준은 E항목 평가 점수가 17점 이상 이면 '우수수준'이 될 수 있다.

② 최은경 사원의 성취수준은 E항목 시험 점수에 따라 '기초수준'이 될 수 있다.

③ 신상욱 사원의 평가 점수는 B항목은 13점, D항목은 15점 으로 성취수준은 '우수수준'이다.

④ 이민수 사원의 C항목 평가 점수는 정철민 사원의 A항목 평가 점수보다 높다.

⑤ 박수민 사원의 D항목 평가 점수는 신상욱 사원의 평균보다 높다.

14 신입사원 A는 상사로부터 아직까지 '올해의 직원상' 투표에 참여하지 않은 사원들에게 투표 참여 안내 문자를 발송하라는 지시를 받았다. 다음에 제시된 내용을 바탕으로 할 때, A가 문자를 보내야 하는 사원은 몇 명인가?

'올해의 직원人상' 후보에 총 5명(甲~戊)이 올랐다. 수상자는 120명의 신입사원 투표에 의해 결정되며 투표규칙은 다음과 같다.
• 투표권자는 한 명당 한 장의 투표용지를 받고, 그 투표용지에 1순위와 2순위 각 한 명의 후보자를 적어야 한다.
• 투표권자는 1순위와 2순위로 동일한 후보자를 적을 수 없다.
• 투표용지에 1순위로 적힌 후보자에게는 5점이, 2순위로 적힌 후보자에게는 3점이 부여된다.
• '올해의 직원人상'은 개표 완료 후, 총 점수가 가장 높은 후보자가 수상하게 된다.
• 기권표와 무효표는 없다.
현재 투표까지 중간집계 점수는 다음과 같다.

후보자	중간집계 점수
甲	360점
乙	15점
丙	170점
丁	70점
戊	25점

① 50명
② 45명
③ 40명
④ 35명
⑤ 30명

▌15~16 ▌ 다음 자료를 보고 이어지는 물음에 답하시오.

〈지역별, 소득계층별, 점유형태별
최저주거기준 미달가구 비율〉

(단위 : %)

구분		최저주거기준 미달	면적기준 미달	시설기준 미달	침실기준 미달
지역	수도권	51.7	66.8	37.9	60.8
	광역시	18.5	15.5	22.9	11.2
	도지역	29.8	17.7	39.2	28.0
	계	100.0	100.0	100.0	100.0
소득계층	저소득층	65.4	52.0	89.1	33.4
	중소득층	28.2	38.9	9.4	45.6
	고소득층	6.4	9.1	1.5	21.0
	계	100.0	100.0	100.0	100.0
점유형태	자가	22.8	14.2	27.2	23.3
	전세	12.0	15.3	6.3	12.5
	월세(보증금 有)	37.5	47.7	21.8	49.7
	월세(보증금 無)	22.4	19.5	37.3	9.2
	무상	5.3	3.3	7.4	5.3
	계	100.0	100.0	100.0	100.0

15 다음 중 위의 자료를 바르게 분석하지 못한 것은?

① 점유형태가 무상인 경우의 미달가구 비율은 네 가지 항목 모두에서 가장 낮다.
② 침실기준 미달 비율은 수도권, 도지역, 광역시 순으로 높다.
③ 지역과 소득계층 면에서는 광역시에 거주하는 고소득층의 면적기준 미달 비율이 가장 낮다.
④ 저소득층은 중소득층보다 침실기준 미달 비율이 더 낮다.
⑤ 수도권 가구 수가 광역시와 도지역 가구 수의 합과 동일하다면 최저주거기준 미달가구는 수도권이 나머지 지역의 합보다 많다.

16 광역시의 시설기준 미달가구 비율 대비 수도권의 시설기준 미달가구 비율의 배수와 저소득층의 침실기준 미달가구 비율 대비 중소득층의 침실기준 미달가구 비율의 배수는 각각 얼마인가? (단, 반올림하여 소수 둘째 자리까지 표시함)

① 1.52배, 1.64배

② 1.58배, 1.59배

③ 1.66배, 1.37배

④ 1.72배, 1.28배

⑤ 1.74배, 1.22배

17 다음은 2019년 6월 10일 오전 인천공항 제1여객터미널의 공항 예상 혼잡도에 대한 자료이다. 자료를 잘못 분석한 것은?

(단위 : 명)

시간	입국장				출국장			
	A/B	C	D	E/F	1/2	3	4	5/6
0~1시	0	714	0	0	0	0	471	0
1~2시	0	116	0	0	0	0	350	0
2~3시	0	0	0	0	0	0	59	0
3~4시	0	0	0	0	0	0	287	0
4~5시	0	998	0	0	0	0	1,393	0
5~6시	0	1,485	1,298	0	0	0	3,344	0
6~7시	1,573	1,327	1,081	542	714	488	2,261	739
7~8시	3,126	549	132	746	894	1,279	1,166	1,778
8~9시	978	82	82	1,067	1,110	1,432	1,371	1,579
9~10시	1,187	376	178	1,115	705	955	1,374	1,156
10~11시	614	515	515	140	724	911	1,329	1,344
11~12시	1,320	732	1,093	420	747	851	1,142	1,024
합계	8,798	6,894	4,379	4,030	4,894	5,916	14,547	7,620

① 이날 오전 가장 많은 사람이 이용한 곳은 출국장 4이다.

② 이날 오전 출국장을 이용한 사람은 입국장을 이용한 사람보다 많다.

③ 9~12시 사이에 출국장 1/2를 이용한 사람 수는 이날 오전 출국장 1/2를 이용한 사람 수의 50% 이상이다.

④ 입국장 A/B와 출국장 5/6은 가장 혼잡한 시간대가 동일하다.

⑤ 10~11시 사이 가장 혼잡했던 입국장 이용객 수는 7~8시 사이에 가장 혼잡했던 출국장 이용객 수의 30% 이상이다.

18 다음은 A사에서 사원에게 지급하는 수당에 대한 자료이다. 2018년 7월 현재 부장 甲의 근무연수는 12년 2개월이고, 기본급은 300만 원이다. 2018년 7월 甲의 월급은 얼마인가? (단, A사 사원의 월급은 기본급과 수당의 합으로 계산되고 제시된 수당 이외의 다른 수당은 없으며, 10년 이상 근무한 직원의 정근수당은 기본급의 50%를 지급한다.)

구분	지급 기준	비고
정근수당	근무연수에 따라 기본급의 0~50% 범위 내 차등 지급	매년 1월, 7월 지급
명절 휴가비	기본급의 60%	매년 2월(설), 10월(추석) 지급
가계 지원비	기본급의 40%	매년 홀수 월에 지급
정액 급식비	130,000원	매월 지급
교통 보조비	• 부장 : 200,000원 • 과장 : 180,000원 • 대리 : 150,000원 • 사원 : 130,000원	매월 지급

① 5,830,000원

② 5,880,000원

③ 5,930,000원

④ 5,980,000원

⑤ 6,030,000원

19 김 사원, 이 사원, 박 사원, 정 사원, 최 사원은 신입사원 오리엔테이션을 받으며 왼쪽부터 순서대로 앉아 강의를 들었다. 각기 다른 부서로 배치된 이들은 4년 후 신규 대리 진급자 시험을 보기 위해 다시 같은 강의실에 모이게 되었다. 다음의 〈조건〉을 모두 만족할 때, 어떤 경우에도 바로 옆에 앉는 두 사람은 누구인가?

〈조건〉
A. 신규 대리 진급자 시험에 응시하는 사람은 김 사원, 이 사원, 박 사원, 정 사원, 최 사원뿐이다.
B. 오리엔테이션 당시 앉았던 위치와 같은 위치에 앉아서 시험을 보는 직원은 아무도 없다.
C. 김 사원과 박 사원 사이에는 1명이 앉아 있다.
D. 이 사원과 정 사원 사이에는 2명이 앉아 있다.

① 김 사원, 최 사원

② 이 사원, 박 사원

③ 김 사원, 이 사원

④ 정 사원, 최 사원

⑤ 박 사원, 정 사원

20 다음은 이야기 내용과 그에 관한 설명이다. 이야기에 관한 설명 중 이야기 내용과 일치하는 것은 모두 몇 개인가?

[이야기 내용] A사에서 올해 출시한 카메라 P와 Q는 시중의 모든 카메라보다 높은 화소를 가졌고, 모든 카메라보다 가볍지는 않다. Q와 달리 P는 셀프카메라가 용이한 틸트형 LCD를 탑재하였으며 LCD 터치 조작이 가능하다. 이처럼 터치조작이 가능한 카메라는 A사에서 밖에 제작되지 않는다. Q는 P에 비해 본체 사이즈가 크지만 여러 종류의 렌즈를 바꿔 끼울 수`있고, 무선 인터넷을 통해 SNS 등으로 바로 사진을 옮길 수 있다.

[이야기에 관한 설명]
1. P와 Q는 서로 다른 화소를 가졌다.
2. 터치조직이 가능한 카메라는 P뿐이다.
3. Q는 다양한 렌즈를 사용할 수 있다.
4. P보다 가벼운 카메라는 존재하지 않는다.
5. P와 Q는 같은 회사에서 출시되었다.
6. Q는 무선 인터넷 접속이 가능하다.

① 0개 ② 1개
③ 2개 ④ 3개
⑤ 4개

(2) 지하철 노선도

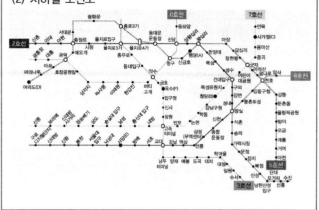

21 당신은 신당역에서 10시에 출발하여 먼저 F은행에 들러서 서류를 받아 C서점에 전달해야 한다. 소요시간을 고려할 때, 가장 효율적으로 이동할 수 있는 순서를 고르면?

① 신당 – 을지로3가 – 옥수 – 고속터미널 – 사가정
② 신당 – 을지로3가 – 옥수 – 교대 – 건대입구 – 사가정
③ 신당 – 약수 – 옥수 – 고속터미널 – 사가정
④ 신당 – 약수 – 옥수 – 교대 – 건대입구 – 사가정
⑤ 신당 – 약수 – 교대 – 옥수 – 건대입구 – 사가정

│21~22│ 당신은 영업사원이다. 오늘 안에 외근을 하며 들러야 할 지점의 목록은 다음과 같다. 교통수단으로는 지하철을 이용하는데, 한 정거장을 이동할 때는 3분이 소요되며, 환승하는 경우 환승시간은 10분이 소요된다. 각 물음에 답하시오.

(1) 업체목록
① A증권
   주소 : 서울 성동구 행당로 87
② B인쇄소
   주소 : 서울 강남구 학동로 508
③ C서점
   주소 : 서울 중랑구 면목로 330-1
④ D본사
   주소 : 서울 영등포구 여의대로 56
⑤ E마트
   주소 : 서울 동작구 남부순환로 2089
⑥ F은행
   주소 : 서울 성동구 동호로 21

22 C서점에 주문한 책이 아직 나오지 않아 금일 방문하지 않게 되었다. 또한, 한 팀이 합세하여, 그 팀이 D본사와 A증권을 방문하기로 했다. 당신은 F은행에서 출발해서 남은 지점만 방문하면 된다. 소요시간을 최소로 하여 이동할 때 이동하는 정거장 수와 환승하는 횟수를 짝지은 것으로 적절한 것을 고르면?

	이동하는 정거장 수	환승하는 횟수
①	20	2
②	18	2
③	20	3
④	17	3
⑤	21	4

23 K공사는 직원들의 창의력을 증진시키기 위하여 '창의 테마파크'를 운영하고자 한다. 다음의 프로그램들을 대상으로 전문가와 사원들이 평가를 실시하여 가장 높은 점수를 받은 프로그램을 최종 선정하여 운영한다고 할 때, '창의 테마파크'에서 운영할 프로그램은?

분야	프로그램명	전문가 점수	사원 점수
미술	내 손으로 만드는 철로	26	32
인문	세상을 바꾼 생각들	31	18
무용	스스로 창작	37	25
인문	역사랑 놀자	36	28
음악	연주하는 사무실	34	34
연극	연출노트	32	30
미술	예술캠프	40	25

※ 전문가와 사원은 후보로 선정된 프로그램을 각각 40점 만점제로 우선 평가하였다.

※ 전문가 점수와 사원 점수의 반영 비율을 3 : 2로 적용하여 합산한 후, 하나밖에 없는 분야에 속한 프로그램에는 취득 점수의 30%를 가산점으로 부여한다.

① 연주하는 사무실
② 스스로 창작
③ 역사랑 놀자
④ 연출노트
⑤ 예술캠프

24 호텔 연회부에 근무하는 A는 연회장 예약일정 관리를 담당하고 있다. 다음과 같이 예약이 되어있는 상황에서 "12월 첫째 주 또는 둘째 주에 회사 송년의 밤 행사를 위해서 연회장을 예약하려고 합니다. 총 인원은 250명이고 월, 화, 수요일은 피하고 싶습니다. 예약이 가능할까요?"라는 고객의 전화를 받았을 때, A의 판단으로 옳지 않은 것은?

〈12월 예약 일정〉

※ 예약 : 연회장 이름(시작시간)

월	화	수	목	금	토	일
1	2	3	4	5	6	7
실버 (13)	레드 (16)	블루 (13)	골드 (13)	골드 (14)	실버 (13)	레드 (10)
블루 (14)		골드 (14)	블루 (17)	실버 (17)	골드 (15)	블루 (16)
8	9	10	11	12	13	14
	실버 (13)	레드 (16)	골드 (14)	레드 (13)	골드 (12)	실버 (10)
	블루 (16)		블루 (17)	골드 (17)		레드 (15)

〈호텔 연회장 현황〉

연회장 구분	수용 가능 인원	최소 투입인력	연회장 이용시간
레드	200명	25명	3시간
블루	300명	30명	2시간
실버	200명	30명	3시간
골드	300명	40명	3시간

※ 오후 9시에 모든 업무를 종료함
※ 연회부의 동 시간대 투입 인력은 총 70명을 넘을 수 없음
※ 연회시작 전, 후 1시간씩 연회장 세팅 및 정리

① 인원을 고려했을 때 블루 연회장과 골드 연회장이 적합하겠군.

② 송년의 밤 행사이니 저녁 시간대 중 가능한 일자를 확인해야 해.

③ 목요일부터 일요일까지 일정을 확인했을 때 평일은 예약이 불가능해.

④ 모든 조건을 고려했을 때 가능한 연회장은 13일 블루 연회장뿐이구나.

⑤ 5일에 실버 연회장 예약이 취소된다면 그 날 예약이 가능하겠군.

25 다음은 「보안업무규칙」의 일부이다. A연구원이 이 내용을 보고 알 수 있는 사항이 아닌 것은?

제3장 인원보안
제7조 인원보안에 관한 업무는 인사업무 담당부서에서 관장한다.
제8조 ① 비밀취급인가 대상자는 별표 2에 해당하는 자로서 업무상 비밀을 항상 취급하는 자로 한다.
　　　② 원장, 부원장, 보안담당관, 일반보안담당관, 정보통신보안담당관, 시설보안담당관, 보안심사위원회 위원, 분임보안담당관과 문서취급부서에서 비밀문서 취급담당자로 임용되는 자는 II급 비밀의 취급권이 인가된 것으로 보며, 비밀취급이 불필요한 직위로 임용되는 때에는 해제된 것으로 본다.
제9조 각 부서장은 소속 직원 중 비밀취급인가가 필요하다고 인정되는 때에는 별지 제1호 서식에 의하여 보안담당관에게 제청하여야 한다.
제10조 보안담당관은 비밀취급인가대장을 작성·비치하고 인가 및 해제사유를 기록·유지한다.
제11조 다음 각 호의 어느 하나에 해당하는 자에 대하여는 비밀취급을 인가해서는 안 된다.
　　　1. 국가안전보장, 연구원 활동 등에 유해로운 정보가 있음이 확인된 자
　　　2. 3개월 이내 퇴직예정자
　　　3. 기타 보안 사고를 일으킬 우려가 있는 자
제12조 ① 비밀취급을 인가받은 자에게 규정한 사유가 발생한 경우에는 그 비밀취급인가를 해제하고 해제된 자의 비밀취급인가증은 그 소속 보안담당관이 회수하여 비밀취급인가권자에게 반납하여야 한다.

---

① 비밀취급인가 대상자에 관한 내용
② 취급인가 사항에 해당되는 비밀의 분류와 내용
③ 비밀취급인가의 절차
④ 비밀취급인가의 제한 조건 해당 사항
⑤ 비밀취급인가의 해제 및 취소

》》 직무수행능력평가(토목일반)

26 철도의 궤도간격 $b = 1.067[m]$, 곡선반지름은 $R = 600[m]$인 원곡선 상을 열차가 100[km/h]로 주행하려고 할 때 캔트는? (단, 중력가속도는 $9.8[m/S^2]$로 한다.)

① 100[mm]
② 140[mm]
③ 180[mm]
④ 220[mm]

27 평판측량 시 평판을 측점에 세울 때의 세 조건 중 하나인 표정(Orientation)에 대한 설명으로 옳은 것은?

① 평판이 일정한 방향이나 방위를 갖도록 설정하는 것
② 평판면을 수평이 되도록 하는 것
③ 평판 상의 측점 위치와 지상의 측점 위치가 동일 수직선 상에 있도록 하는 것
④ 앨리데이드의 기포관이 정중앙에 오도록 맞추는 것

28 삼각망의 종류 중 유심삼각망에 대한 설명으로 옳은 것은?

① 삼각망 가운데 가장 간단한 형태이며 측량의 정확도를 얻기 위한 조건이 부족하므로 특수한 경우 외에는 사용하지 않는다.
② 거리에 비하여 측점수가 가장 적으므로 측량이 간단하며 조건식의 수가 적어 정도가 낮다. 노선 및 하천측량과 같이 폭이 좁고 거리가 먼 지역의 측량에 사용한다.
③ 광대한 지역의 측량에 적합하며 정확도가 비교적 높은 편이다.
④ 가장 높은 정확도를 얻을 수 있으나 조정이 복잡하고 포함된 면적이 작으며 특히 기선을 확대할 때 주로 사용한다.

29 도면에서 곡선에 둘러싸여 있는 부분의 면적을 구하기에 가장 적합한 방법은?

① 좌표법에 의한 방법

② 배횡거법에 의한 방법

③ 삼사법에 의한 방법

④ 구적기에 의한 방법

30 어떤 횡단면의 도상면적이 $40.5cm^2$이었다. 가로 축척이 1:20, 세로축척이 1:60이었다면 실제면적은?

① $48.6m^2$

② $33.75m^2$

③ $4.86m^2$

④ $3.375m^2$

31 점토의 다짐에서 최적함수비보다 함수비가 적은 건조측 및 함수비가 많은 습윤측에 대한 설명으로 옳지 않은 것은?

① 다짐의 목적에 따라 습윤 및 건조측으로 구분하여 다짐계획을 세우는 것이 효과적이다.

② 흙의 강도 증가가 목적인 경우, 건조측에서 다지는 것이 유리하다.

③ 습윤측에서 다지는 경우, 투수계수 증가효과가 크다.

④ 다짐의 목적이 차수를 목적으로 하는 경우, 습윤측에서 다지는 것이 유리하다.

32 깊은 기초의 지지력 평가에 관한 설명으로 바르지 않은 것은?

① 현장 타설 콘크리트 말뚝기초는 동역학적 방법으로 지지력을 추정한다.

② 말뚝 항타분석기(PDA)는 말뚝의 응력분포, 경시효과 및 해머효율을 파악할 수 있다.

③ 정역학적 지지력 추정방법은 논리적으로 타당하나 강도정수를 추정하는데 한계성을 내포하고 있다.

④ 동역학적 방법은 항타장비, 말뚝과 지반조건이 고려된 방법으로 해머 효율의 측정이 필요하다.

33 예민비가 큰 점토란 어느 것인가?

① 입자의 모양이 날카로운 점토

② 입자가 가늘고 긴 형태의 점토

③ 다시 반죽했을 때 강도가 감소하는 점토

④ 다시 반죽했을 때 강도가 증가하는 점토

34 어떤 사질기초지반의 평판재하시험결과 항복강도가 $60[t/m^2]$, 극한강도가 $100[t/m^2]$이었다. 그리고 그 기초는 지표에서 1.5[m]깊이에 설치될 것이고 그 기초지반의 단위중량이 $1.8[t/m^3]$일 대 지지력계수 $N_q = 5$이었다. 이 기초의 장기허용지지력은?

① $24.7[t/m^2]$

② $26.9[t/m^2]$

③ $30[t/m^2]$

④ $34.5[t/m^2]$

35 모어(Mohr)의 응력원에 대한 설명 중 바르지 않은 것은?

① 임의 평면의 응력상태를 나타내는데 매우 편리하다.

② σ_1과 σ_3의 차의 벡터를 반지름으로 해서 그린 원이다.

③ 한 면에 응력이 작용하는 경우 전단력이 0이면, 그 연직응력을 주응력으로 가정한다.

④ 평면기점(O_p)은 최소주응력이 표시되는 좌표에서 최소주응력면과 평행하게 그은 선이 Mohr의 원과 만나는 점이다.

36 다음 중 단위도(단위유량도)에 대한 설명으로 바르지 않은 것은?

① 단위도의 3가지 가정은 일정기저시간 가정, 비례가정, 중첩가정이다.

② 단위도는 기저유량과 직접유출량을 포함하는 수문곡선이다.

③ S-Curve를 이용하여 단위도의 단위시간을 변경할 수 있다.

④ Synder는 합성단위도법을 연구발표하였다.

37 표고 20m인 저수지에서 물을 표고 50m인 지점까지 $1.0m^3/sec$의 물을 양수하는데 소요되는 펌프동력은? (단, 모든 손실수두의 합은 3.0m이고 모든 관은 동일한 직경과 수리학적 특성을 지니며, 펌프의 효율은 80%이다.)

① 248kW

② 330kW

③ 404kW

④ 650kW

38 관수로에 물이 흐를 때 층류가 되는 레이놀즈수(Reynolds Number)의 범위는?

① $Re < 2,000$

② $2,000 < Re < 3,000$

③ $3,000 < Re < 4,000$

④ $Re > 4,000$

39 지름 4cm인 원형관 속에 물이 흐르고 있다. 관로 길이 1.0m 구간에서 압력강하가 $0.1N/m^2$이었다면 관벽의 마찰응력은?

① $0.001N/m^2$

② $0.002N/m^2$

③ $0.01N/m^2$

④ $0.02N/m^2$

40 SCS방법(NRCS 유출곡선 번호방법)으로 초과강우량을 산정하여 유출량을 계산할 때에 대한 설명으로 바르지 않은 것은?

① 유역의 토지이용형태는 유효우량이 크기에 영향을 미친다.

② 유출곡선지수(runoff curve number)는 총 우량으로부터 유효우량의 잠재력을 표시하는 지수이다.

③ 투수성 지역의 유출곡선지수는 불투수성 지역의 유출곡선지수보다 큰 값을 갖는다.

④ 선행토양함수조건(antecedent soil moisture condition)은 1년을 성수기와 비성수기로 나누어 각 경우에 대하여 3가지 조건으로 구분하고 있다.

41 다음 중 최소 전단철근을 배치하지 않아도 되는 경우가 아닌 것은? (단, $\frac{1}{2}\phi V_c < V_u$인 경우이며, 콘크리트 구조전단 및 비틀림 설계기준에 따른다.)

① 슬래브와 기초판

② 전체 깊이가 450mm 이하인 보

③ 교대 벽체 및 날개벽, 옹벽의 벽체, 암거 등과 같이 휨이 주거동인 판부재

④ 전단철근이 없어도 계수휨모멘트와 계수전단력에 저항할 수 있다는 것을 실험에 의해 확인할 수 있는 경우

42 철근콘크리트 부재에서 처짐을 방지하기 위해서는 부재의 두께를 크게 하는 것이 효과적인데 구조상 가장 두꺼워야 될 순서대로 나열된 것은? (단, 동일한 부재의 길이를 갖는다고 가정)

① 캔틸레버 > 단순지지 > 양단연속 > 일단연속

② 단순지지 > 캔틸레버 > 일단연속 > 양단연속

③ 일단연속 > 양단연속 > 단순지지 > 캔틸레버

④ 양단연속 > 일단연속 > 단순지지 > 캔틸레버

43 다음 중 옹벽의 구조해석에 대한 내용으로 바르지 않은 것은?

① 부벽식 옹벽의 전면벽은 3변 지지된 2방향 슬래브로 설계할 수 있다.

② 캔틸레버식 옹벽의 전면벽은 저판에 지지된 캔틸레버로 설계할 수 있다.

③ 뒷부벽은 T형보로 설계해야 하며, 앞부벽은 직사각형 보로 설계해야 한다.

④ 부벽식 옹벽의 저판은 정밀한 해석이 사용되지 않는 한 부벽의 높이를 경간으로 가정한 고정보 또는 연속보로 설계할 수 있다.

44 철근콘크리트 부재의 전단철근에 관한 다음 설명 중 바르지 않은 것은?

① 주인장철근에 30° 이상의 각도로 구부린 굽힘철근도 전단철근으로 사용할 수 있다.

② 부재축에 직각으로 배치된 전단철근의 간격은 $d/2$ 이하, 600mm 이하로 하여야 한다.

③ 최소 전단철근량은 $0.35\dfrac{b_w s}{f_{yt}}$ 보다 작지 않아야 한다.

④ 전단철근의 설계기준항복강도는 300MPa를 초과할 수 없다.

45 철근콘크리트의 강도설계법을 적용하기 위한 기본가정으로 바르지 않은 것은?

① 철근의 변형률은 중립축으로부터의 거리에 비례한다.

② 콘크리트의 변형률은 중립축으로부터의 거리에 비례한다.

③ 인장측 연단에서 철근의 극한변형률은 0.003으로 가정한다.

④ 항복강도 f_y 이하에서 철근의 응력은 그 변형률의 E_s 배로 본다.

46 아래의 표에서 설명하는 것은?

> 탄성체에 저장된 변형에너지 U를 변위의 함수로 나타내는 경우에, 임의의 변위 $\triangle_i$에 관한 변형에너지 U의 1차 편도함수는 대응되는 하중 P_i와 같다.
>
> 즉, $P_i = \dfrac{\partial U}{\partial \triangle_i}$ 이다.

① 중첩의 원리

② 카스틸리아노의 제1정리

③ 베티의 정리

④ 멕스웰의 정리

47 그림과 같은 외팔보에서 A점의 처짐은? (단, AC구간의 단면2차 모멘트는 I이고 CB구간은 2I이며 탄성계수는 E로서 전 구간이 동일하다.)

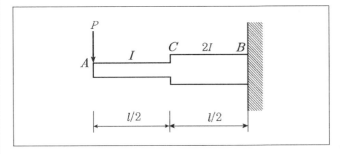

① $\dfrac{2Pl^3}{15EI}$

② $\dfrac{3Pl^3}{16EI}$

③ $\dfrac{5Pl^3}{18EI}$

④ $\dfrac{7Pl^3}{24EI}$

48 단주에서 단면의 핵이란 기둥에서 인장응력이 발생되지 않도록 재하되는 편심거리로 정의된다. 지름 40cm인 원형단면의 핵의 지름은?

① 2.5cm ② 5.0cm

③ 7.5cm ④ 10.0cm

49 다음과 같은 부재에서 길이의 변화량(δ)은 얼마인가? (단, 보는 균일하며 단면적 A와 탄성계수 E는 일정하다.)

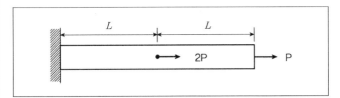

① $\dfrac{4PL}{EA}$ ② $\dfrac{3PL}{EA}$

③ $\dfrac{1.5PL}{EA}$ ④ $\dfrac{PL}{EA}$

50 탄성계수 $E = 2.1 \times 10^6 \mathrm{kg/cm^2}$, 프와송비 $v = 0.25$일 때 전단 탄성계수는?

① $8.4 \times 10^5 \mathrm{kg/cm^2}$

② $1.1 \times 10^5 \mathrm{kg/cm^2}$

③ $1.7 \times 10^5 \mathrm{kg/cm^2}$

④ $2.1 \times 10^5 \mathrm{kg/cm^2}$

코레일
(한국철도공사)
필기시험 모의고사

- 토목 -

제 5 회	영 역	직업기초능력평가(의사소통능력, 수리능력, 문제해결능력) 직무수행능력평가(토목일반)
	문항수	25문항, 25문항
	시 간	60분
	비 고	객관식 5지선다형, 객관식 4지선다형

SEOWONGAK
(주)서원각

제5회 필기시험 모의고사

〉〉 직업기초능력평가

1 다음 밑줄 친 단어의 의미와 동일하게 쓰인 것을 고르시오.

> 농림축산식품부를 비롯한 농정 유관기관들이 제7호 태풍 '쁘라삐룬'과 집중호우 피해 최소화에 총력을 모으고 나섰다.
> 농식품부는 2일 오전 10시 농식품부 소관 실국과 농촌진흥청, 농어촌공사, 농협중앙회 등 유관기관이 참여하는 '태풍 쁘라삐룬 2차 대책회의'를 열고 집중호우에 따른 농업분야 피해 및 대책 추진상황을 긴급 점검했다.
> 농식품부가 지자체 등의 보고를 토대로 집계한 농업분야 피해는 이날 오전 6시 현재 농작물 4258ha, 저수지 1개소 제방 유실, 용수간선 4개소 유실·매몰 피해가 발생했다.

① 안전기의 스위치를 <u>열고</u> 퓨즈가 끊어진 것을 확인한다.
② 아직 교육의 혜택을 제대로 받지 못한 오지에 학교를 <u>열었다</u>.
③ 정상회담에 앞서서 준비회담을 <u>열었으나</u> 그 회담 내용은 알려지지 않았다.
④ 사람들이 토지에 정착하여 살 수 있게 됨으로써 인류 역사에 농경 시대를 <u>열게</u> 되었다.
⑤ 모든 사람에게 마음을 <u>열고</u> 살기 위해서는 무엇보다도 타인에 대한 사랑과 이해가 우선되어야 한다.

2 밑줄 친 부분과 바꾸어 쓰기에 가장 적절한 것은?

> 전 지구적인 해수의 연직 순환은 해수의 밀도 차이에 의해 발생한다. 바닷물은 온도가 낮고 염분 농도가 높아질수록 밀도가 높아져 <u>아래로 가라앉는다</u>. 이 때문에 북대서양의 차갑고 염분 농도가 높은 바닷물은 심층수를 이루며 적도로 천천히 이동한다.
> 그런데 지구 온난화로 인해 북반구의 고위도 지역의 강수량이 증가하고 극지방의 빙하가 녹은 물이 대량으로 바다에 유입되면 어떻게 될까? 북대서양의 염분 농도가 감소하여 바닷물이 가라앉지 못하는 일이 벌어질 수 있다. 과학자들은 컴퓨터 시뮬레이션을 통해 차가운 북대서양 바닷물에 빙하가 녹은 물이 초당 십만 톤 이상 들어오면 전 지구적인 해수의 연직 순환이 느려져 지구의 기후가 변화한다는 사실을 알아냈다

① 침강(沈降)　　② 침식(侵蝕)
③ 침체(沈滯)　　④ 침범(侵犯)
⑤ 침해(침害)

3 다음은 S철도공사의 종합관제운영 및 보수내규 중 통신관제 부분에 해당하는 규정이다. 다음 중 이 규정과 부합하는 내용으로 볼 수 없는 것은?

> **제5절 통신관제**
> 제31조(통신관제의 임무) 통신관제의 임무는 다음 각 호와 같다.
> 1. 통신설비의 감시 및 제어
> 2. 통신관제 설비의 운용 및 보수
> 3. 통신설비의 장애 또는 사고 발생 시 통신지원에 관한 조치
> 4. 통신설비에 영향을 줄 수 있는 점검 및 작업의 통제
> 5. 업무수행을 위하여 필요한 정보의 파악, 자료수집
> 6. 통신회선의 통제 및 임시 통신망 구성, 관련부서와 협의
> 7. 기타 통신관제 업무에 관련된 사항
> 제32조(현장통제) 통신관제의 현장통제는 다음 각 호에 의한다.
> 1. 통신설비의 장애 및 사고발생 시는 신호전자사업소장에게 통보하여 통신설비를 확인 조치토록 하여야 한다.
> 2. 신호전자사업소장으로부터 통신설비의 일시 사용중지나 변경이 필요한 작업계획을 보고 받았을 경우 그 작업이 열차 안전운행에 지장이 있다고 판단될 때에는 그 작업의 취소를 지시하여야 한다.
> 3. 통신설비가 타 설비와 계통적으로 관련이 있는 사항은 신호전자사업소장과 긴밀한 협의를 통하여 통신설비의 운용에 차질이 없도록 하여야 한다. 또한, 신호전자사업소장이 관제설비와 동일망(광단국)으로 연결된 통신설비의 유지보수 시에는 통신관제와 상호협의·협조하여야 한다.
> 제33조(통화의 기록) ① 종합관제소에서 사용 중인 유무선통화기기의 통화 내용을 모두 녹음하여야 한다.
> ② 열차의 안전운행에 중대한 영향을 미치거나, 설비의 사고에 대한 중요 통화내용은 1년간 보존하여야 한다.
> ③ 평상시 업무에 대한 통화내용은 1개월간 보존하여야 한다.
> ④ 녹음내용에 대하여는 보안을 유지하여야 하며, 사고 발생 등 특별한 경우 녹음내용의 청취 및 음성데이터 반출 요청이 있을 때에는 관제소장의 승인을 얻은 후 별지 제5호 서식에 의한 녹음청취열람기록부에 기록하여야 한다.

① 통신관제의 임무를 맡은 자는 업무와 관련한 정보도 파악하고 수집하여야 한다.
② 신호전자사업소장으로부터 통신설비가 중단되어야 하는 작업을 계획 중이라는 보고를 받으면 즉시 통신설비 사용중지를 명하여야 한다.
③ 종합관제소 내에서의 모든 통화 기록은 녹음을 하여야 한다.
④ 열차의 안전과 관련된 통화내용의 보존 기간은 1년이며, 평소 업무 관련 통화기록의 보존 기간은 1개월이다.
⑤ 녹음 내용을 반출해야 할 경우에는 관제소장의 사전 승인이 있어야 한다.

4 다음 ㈎~㈐에 공통으로 나타나는 설명 방식이 사용된 문장은?

㈎ 호랑이는 가축을 해치고 사람을 다치게 하는 일이 많았던 모양이다. 그래서 설화 중에는 사람이나 가축이 호랑이한테 해를 당하는 이야기가 많이 있다. 사냥을 하던 아버지가 호랑이에게 해를 당하자 아들이 원수를 갚기 위해 그 호랑이와 싸워 이겼다는 통쾌한 이야기가 있는가 하면, 밤중에 변소에 갔던 신랑이 호랑이한테 물려 가는 것을 본 신부가 있는 힘을 다하여 호랑이의 꼬리를 붙잡고 매달려 신랑을 구했다는 흐뭇한 이야기도 있다. 이러한 이야기들은 호랑이의 사납고 무서운 성질을 바탕으로 하여 꾸며진 것이다.

㈏ 설화 속에서 호랑이는 산신 또는 산신의 사자로 나타나기도 하고, 구체적인 설명 없이 신이한 존재로 나타나기도 한다. '효녀와 산신령' 이야기에서 산신령은 호랑이의 모습으로 나타나, 겨울철 눈 속에서 병든 어머니께 드릴 잉어를 찾는 소녀에게 잉어를 잡아 준다. 또한 '장화홍련전'에서 계모의 아들 장쇠는 장화를 재촉하여 물에 빠지게 하고 돌아오는 길에 호랑이한테 물려 죽는데 이때의 호랑이는 징벌자 역할을 하고 있다.

㈐ 설화 속에서 호랑이는 사람과 마찬가지로 따뜻한 정과 의리를 지니고 있는 것으로 나타나기도 하는데, 인간의 효성에 감동한 호랑이 이야기가 많이 있다. 여름철에 홍시를 구하려는 효자를 등에 태워 홍시가 있는 곳으로 데려다 준 호랑이 이야기, 고개를 넘어 성묘 다니는 효자를 날마다 태워다 준 호랑이 이야기 등이 그 예다.

① 자동차는 엔진, 바퀴, 배기 장치 등으로 구성된다.
② 팬에 기름을 두른 후 멸치를 넣고 볶은 다음, 양념을 한다.
③ 지문은 손가락 안쪽 끝에 있는 피부의 무늬나 그것이 남긴 흔적을 말한다.
④ 지구의 기온이 상승하면 남극과 북극의 빙하가 녹게 되어 해수면이 상승한다.
⑤ 한국의 철새 중 여름새의 대표적인 예로는 뻐꾸기, 꾀꼬리, 백로, 제비 등이 있다.

5 다음 글의 내용과 일치하지 않는 것은?

미국 코넬 대학교 심리학과 연구 팀은 1992년 하계 올림픽 중계권을 가졌던 엔비시(NBC)의 올림픽 중계 자료를 면밀히 분석했는데, 메달 수상자들이 경기 종료 순간에 어떤 표정을 짓는지 감정을 분석하는 연구였다.

연구 팀은 실험 관찰자들에게 23명의 은메달 수상자와 18명의 동메달 수상자의 얼굴 표정을 보고 경기가 끝나는 순간에 이들의 감정이 '비통'에 가까운지 '환희'에 가까운지 10점 만점으로 평정하게 했다. 또한 경기가 끝난 후, 시상식에서 선수들이 보이는 감정을 동일한 방법으로 평정하게 했다. 시상식에서 보이는 감정을 평정하기 위해 은메달 수상자 20명과 동메달 수상자 15명의 시상식 장면을 분석하게 했다.

분석 결과, 경기가 종료되고 메달 색깔이 결정되는 순간 동메달 수상자의 행복 점수는 10점 만점에 7.1로 나타났다. 비통보다는 환희에 더 가까운 점수였다. 그러나 은메달 수상자의 행복 점수는 고작 4.8로 평정되었다. 환희와 거리가 먼 감정 표현이었다. 객관적인 성취의 크기로 보자면 은메달 수상자가 동메달 수상자보다 더 큰 성취를 이룬 것이 분명하다. 그러나 은메달 수상자와 동메달 수상자가 주관적으로 경험한 성취의 크기는 이와 반대로 나왔다. 시상식에서도 이들의 감정 표현은 역전되지 않았다. 동메달 수상자의 행복 점수는 5.7이었지만 은메달 수상자는 4.3에 그쳤다.

왜 은메달 수상자가 3위인 동메달 수상자보다 결과를 더 만족스럽게 느끼지 못하는가? 이는 선수들이 자신이 거둔 객관적인 성취를 가상의 성취와 비교하여 주관적으로 해석했기 때문이다. 은메달 수상자들에게 그 가상의 성취는 당연히 금메달이었다. 최고 도달점인 금메달과 비교한 은메달의 주관적 성취의 크기는 선수 입장에서는 실망스러운 것이다. 반면 동메달 수상자들이 비교한 가상의 성취는 '노메달'이었다. 까딱 잘못했으면 4위에 그칠 뻔했기 때문에 동메달의 주관적 성취의 가치는 은메달의 행복 점수를 뛰어넘을 수밖에 없다.

① 연구 팀은 선수들의 표정을 통해 감정을 분석하였다.
② 연구 팀은 경기가 끝나는 순간과 시상식에서 선수들이 보이는 감정을 동일한 방법으로 평정하였다.
③ 경기가 끝나는 순간 동메달 수상자는 비통보다는 환희에 더 가까운 행복 점수를 보였다.
④ 동메달 수상자와 은메달 수상자가 주관적으로 경험한 성취의 크기는 동일하게 나타났다.
⑤ 은메달 수상자와 동메달 수상자의 가상의 성취는 달랐다.

6 다음 글에 대한 평가로 가장 적절한 것은?

요즘에는 낯선 곳을 찾아갈 때, 지도를 해석하며 어렵게 길을 찾지 않아도 된다. 기술력의 발달에 따라, 제공되는 공간 정보를 바탕으로 최적의 경로를 탐색할 수 있게 되었기 때문이다. 이는 어떤 곳의 위치 좌표나 지리적 형상에 대한 정보뿐만 아니라 시간에 따른 공간의 변화를 포함한 공간 정보를 이용할 수 있게 되면서 가능해진 것이다. 이처럼, 공간 정보가 시간에 따른 변화를 반영할 수 있게 된 것은 정보를 수집하고 분석하는 정보 통신 기술의 발전과 밀접한 관련이 있다.

공간 정보의 활용은 '위치정보시스템(GPS)'과 '지리정보시스템(GIS)' 등의 기술적 발전과 휴대 전화나 태블릿 PC 등 정보 통신 기기의 보급을 기반으로 한다. 위치정보시스템은 공간에 대한 정보를 수집하고 지리정보시스템은 정보를 저장, 분류, 분석한다. 이렇게 분석된 정보는 사용자의 요구에 따라 휴대 전화나 태블릿 PC 등을 통해 최적화되어 전달된다.

길 찾기를 예로 들어 이 과정을 살펴보자. 휴대 전화 애플리케이션을 이용해 사용자가 가려는 목적지를 입력하고 이동 수단으로 버스를 선택하였다면, 우선 사용자의 현재 위치가 위치정보시스템에 의해 실시간으로 수집된다. 그리고 목적지와 이동 수단 등 사용자의 요구와 실시간으로 수집된 정보에 따라 지리정보시스템은 탑승할 버스 정류장의 위치, 다양한 버스 노선, 최단 시간 등을 분석하여 제공한다. 더 나아가 교통 정체와 같은 돌발 상황과 목적지에 이르는 경로의 주변 정보까지 분석하여 제공한다.

공간 정보의 활용 범위는 계속 확대되고 있다. 예를 들어, 여행지와 관련한 공간 정보는 여행자의 요구와 선호에 따라 선별적으로 분석되어 활용된다. 나아가 유동 인구를 고려한 상권 분석과 교통의 흐름을 고려한 도시 계획 수립에도 공간 정보 활용이 가능하게 되었다. 획기적으로 발전되고 있는 첨단 기술이 적용된 공간 정보가 국가 차원의 자연재해 예측 시스템에도 활발히 활용된다면 한층 정밀한 재해 예방 및 대비가 가능해질 것이다. 이로 인해 우리의 삶도 더 편리하고 안전해질 것으로 기대된다.

① 공간 정보 활용 범위의 확대 사례를 제시하여 내용을 타당성 있게 뒷받침하고 있다.
② 전문 기관의 자료를 바탕으로 공간 정보 활용에 대한 믿을 만한 근거를 제시하고 있다.
③ 위치 정보에 접근하는 방식의 차이점을 지역별로 비교하여 균형 있는 주장을 하고 있다.
④ 구체적 수치 자료를 근거로 하여 공간 정보 활용 비율을 신뢰성 있게 제시하고 있다.
⑤ 설문 조사 결과를 활용하여 공간 정보의 영향력에 대해 타당성 있는 주장을 하고 있다.

7 다음 글에서 언급하지 않은 내용은?

독일의 학자 아스만(Asmann, A)은 장소가 기억의 주체, 기억의 버팀목이 될 수도 있고, 인간의 기억을 초월하는 의미를 제공할 수도 있다고 하였다. 그렇다면 하루가 다르게 변해 가는 오늘날의 삶에서 장소에 대한 기억이 우리에게 주는 의미는 무엇인가?

장소에 대한 기억에 대해 사람들은 다소 애매하면서도 암시적인 표현을 사용한다. 이는 사람들이 장소를 기억하는 것인지, 아니면 장소에 대한 기억, 곧 어떤 장소에 자리하고 있는 기억을 말하는 것인지 분명하지 않기 때문이다. 이에 대해 아스만은 전자를 '기억의 장소', 후자를 '장소의 기억'으로 구분한다. 그녀의 구분에 의하면 기억의 장소는 동일한 내용을 불러일으키는 것을 목적으로 하는 장소로, 내용을 체계적으로 저장하고 인출하기 위한 암기의 수단으로 쓰인다. 이와 달리 장소의 기억은 특정 장소와 결부되어 있는 기억이다. 사람들은 그들의 관점과 시각, 욕구에 따라 과거를 현재화하며, 기억하는 사람에 따라 다르게 장소의 기억을 형성한다.

오늘날의 사회에서는 시대의 변화로 인해 기억의 장소에서 시선을 옮겨 장소의 기억에 주목하고 있다. 기억의 장소의 경우, 넘쳐 나게 된 정보와 지식들로 인해 암기 차원의 기억은 정보 기술 분야에서 다룰 수 있으므로 그 기능을 잃게 되었다.

한편, 현대인의 삶이 파편화되고 공유된 장소가 개별화되면서 공동체가 공유하고 있는 정체성까지도 단절되고 있다. 마치 오랜 세월 동안 사람들의 일상 속에서 과거의 기억과 삶의 정취를 고스란히 담아 온 골목이 단순한 통로, 주차장, 혹은 사적 소유지로 변해 버린 것과 같다. 이러한 단절을 극복하고 공동의 정체성을 회복할 수 있는 방안으로 중요하게 기능하는 것이 장소의 기억이다. 장소의 기억은 특정 장소에 대하여 각자의 기억들을 공유한다. 그리고 여러 시대에 걸쳐 공유해 온 장소의 기억은 장소를 매개로 하여 다시 전승되어 가며 공동의 기억과 공동의 정체성을 형성해 나간다. 개별화된 지금의 장소가 다시 공유된 장소로 회복될 때 장소의 기억이 공유될 수 있다. 또 이를 통해 우리의 파편화된 삶은 다시 그 조각들을 맞추어 나갈 수 있게 될 것이다. 장소의 공유 안에서 단절되었던 공동체적 정체성도 전승되어 가는 것이다.

장소는 오래 전의 기억을 현재 시점으로 불러올 수 있는 중요한 수단이다. 이제는 시간의 흔적이 겹겹이 쌓인 장소의 기억에서 과거와의 유대를 활성화해 나갈 시점이다.

① '기억의 장소'의 특징
② '기억의 장소'의 구체적 사례
③ '장소의 기억'의 형성 과정
④ '장소의 기억'의 현대적 가치
⑤ '기억의 장소'와 '장소의 기억'의 차이점

8 다음 글의 내용을 사실과 의견으로 구분할 때, 사실인 것은?

> ㉠ 우리 지역 축제에 유명 연예인을 초청해야 한다고 생각합니다. ㉡ 그 이유는 지역 주민의 축제 참여율을 높일 필요가 있기 때문입니다. ㉢ 지난 3년간 축제 참여 현황을 보면 지역 주민의 참여율이 전체 주민의 10% 미만으로 매우 저조하고, 이마저도 계속 낮아지는 추세입니다. ㉣ 우리 지역에서는 연예인을 직접 볼 기회가 많지 않으므로 유명 연예인을 초청하면 지역 주민들이 축제에 더 많은 관심을 보일 것입니다. ㉤ 따라서 유명 연예인을 초청하여 지역 주민의 축제 참여를 유도할 필요가 있습니다.

① ㉠　　　　　　　② ㉡

③ ㉢　　　　　　　④ ㉣

⑤ ㉤

9 빅데이터에 대한 이해로 적절하지 않은 것은?

> 빅데이터는 그 규모가 매우 큰 데이터를 말하는데, 이는 단순히 데이터의 양이 매우 많다는 것뿐 아니라 데이터의 복잡성이 매우 높다는 의미도 내포되어 있다. 데이터의 복잡성이 높다는 말은 데이터의 구성 항목이 많고 그 항목들의 연결 고리가 함께 수록되어 있다는 것을 의미한다. 데이터의 복잡성이 높으면 다양한 파생 정보를 끌어낼 수 있다. 데이터로부터 정보를 추출할 때에는, 구성 항목을 독립적으로 이용하기도 하고, 두 개 이상의 항목들의 연관성을 이용하기도 한다. 일반적으로 구성 항목이 많은 데이터는 한 번에 얻기 어렵다. 이런 경우에는, 따로 수집되었지만 연결 고리가 있는 여러 종류의 데이터들을 연결하여 사용한다.
>
> 가령 한 집단의 구성원의 몸무게와 키의 데이터가 있다면, 각 항목에 대한 구성원의 평균 몸무게, 평균 키 등의 정보뿐만 아니라 몸무게와 키의 관계를 이용해 평균 비만도 같은 파생 정보도 얻을 수 있다. 이때는 반드시 몸무게와 키의 값이 동일인의 것이어야 하는 연결 고리가 있어야 한다. 여기에다 구성원들의 교통 카드 이용 데이터를 따로 얻을 수 있다면, 이것을 교통 카드의 사용자 정보를 이용해 사용자의 몸무게와 키의 데이터를 연결할 수 있다. 이렇게 연결된 데이터 세트를 통해 비만도와 대중교통의 이용 빈도 간의 파생 정보를 추출할 수 있다. 연결할 수 있는 데이터가 많을수록 얻을 수 있는 파생 정보도 늘어난다.

① 빅데이터 구성 항목을 독립적으로 이용하여 정보를 추출하기도 한다.

② 빅데이터를 구성하는 데이터의 양은 매우 많다.

③ 빅데이터를 구성하는 데이터의 복잡성은 매우 높다.

④ 빅데이터에는 구성 항목들 간의 연결 고리가 함께 포함되어 있다.

⑤ 빅데이터에서는 파생 정보를 얻을 수 없다.

10 다음은 B사의 2017년 추진 과제의 전공별 연구책임자 현황에 대한 자료이다. 전체 연구책임자 중 공학 전공의 연구책임자가 차지하는 비율과 전체 연구책임자 중 의학전공의 여자 연구책임자가 차지하는 비율의 차이는? (단, 소수 둘째 자리에서 반올림한다)

(단위 : 명, %)

연구책임자 / 전공	남자 연구책임자 수	남자 비율	여자 연구책임자 수	여자 비율
이학	2,833	14.8	701	30.0
공학	11,680	61.0	463	19.8
농학	1,300	6.8	153	6.5
의학	1,148	6.0	400	17.1
인문사회	1,869	9.8	544	23.3
기타	304	1.6	78	3.3
계	19,134	100.0	2,339	100.0

① 51.1%p　　　　　　② 52.3%p

③ 53.5%p　　　　　　④ 54.7%p

⑤ 55.9%p

11 다음 자료를 통해 알 수 있는 사항을 바르게 설명하지 못한 것은 어느 것인가?

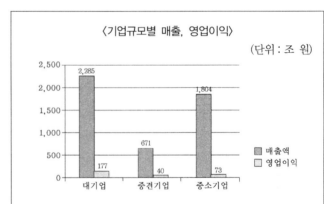

〈기업규모별 매출, 영업이익〉

(단위 : 조 원)

〈기업 및 종사자 현황〉

(단위 : 개, 만 명)

구분	대기업	중견기업	중소기업
기업 수	2,191(0.3%)	3,969(0.6%)	660,003(99.1%)
종사자 수	204.7(20.4%)	125.2(12.5%)	675.3(67.1%)

① 1개 기업당 매출액과 영업이익 실적은 대기업에 속한 기업이 가장 우수하다.

② 기업규모별 매출액 대비 영업이익률은 대기업, 중견기업, 중소기업 순으로 높다.

③ 전체 기업 수의 약 99%에 해당하는 기업이 전체 매출액의 40% 이상을 차지한다.

④ 전체 기업 수의 약 1%에 해당하는 기업이 전체 영업이익의 70% 이상을 차지한다.

⑤ 1개 기업 당 종사자 수는 대기업이 중견기업의 3배에 육박한다.

12 A생산라인을 먼저 32시간 가동한 후, B생산라인까지 두 생산라인을 모두 가동하여 최종 10,000개의 정상제품을 납품하였다면 두 생산라인을 모두 가동한 시간은 얼마인가?

〈생산성 조건〉
• 불량률 체크 전 단계의 시제품 100개를 만드는 데 A생산라인만을 이용할 때는 4시간, B생산라인만을 이용할 때는 2시간이 걸린다.
• 두 라인을 동시에 가동하면 시간 당 정상제품 생산량이 각각 20%씩 상승한다.

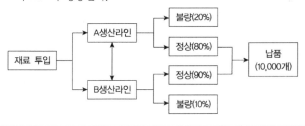

① 105시간
② 110시간
③ 115시간
④ 120시간
⑤ 125시간

13 다음의 자료를 보고 바르게 해석한 것을 모두 고르면?

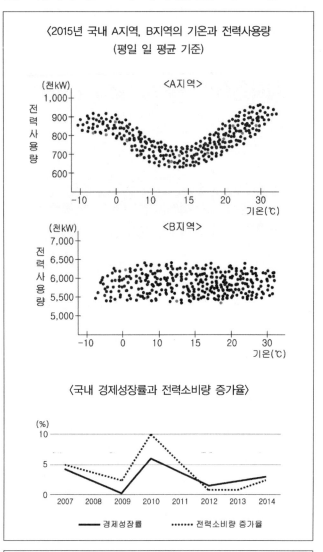

〈2015년 국내 A지역, B지역의 기온과 전력사용량 (평일 일 평균 기준)〉

〈국내 경제성장률과 전력소비량 증가율〉

㉠ 평일 일 평균 전력사용량은 계절과 관계없이 B지역이 A지역보다 항상 많을 것이다.

㉡ A지역은 여름과 겨울에 전력사용량이 증가하는 것으로 보아 주택용보다 산업용 전력사용량 비중이 높을 것이다.

㉢ 경제 성장에 따른 최대 전력 수요 증가가 예상될 경우, 발전 설비 확충 등을 통해 전력 공급 능력을 향상시켜야 한다.

㉣ 공급 능력이 8,000만kW, 최대 전력 수요가 7,200만kW라면 공급예비율이 10% 이하로 유지되도록 대책을 마련해야 한다.

① ㉠, ㉡
② ㉠, ㉢
③ ㉡, ㉢
④ ㉡, ㉣
⑤ ㉢, ㉣

14 다음은 ○○손해보험에서 화재손해 발생 시 지급 보험금 산정 방법과 피보험물건(A~E)의 보험금액 및 보험가액을 나타낸 자료이다. 화재로 입은 손해액이 A~E 모두 6천만 원으로 동일할 때, 지급 보험금이 많은 것부터 순서대로 나열하면?

〈표1〉 지급 보험금 산정방법

피보험물건 유형	조건	지급 보험금
일반물건, 창고물건, 주택	보험금액 ≥ 보험가액의 80%	손해액 전액
	보험금액 < 보험가액의 80%	손해액 × $\dfrac{보험금액}{보험가액의\ 80\%}$
공장물건, 동산	보험금액 ≥ 보험가액	손해액 전액
	보험금액 < 보험가액	손해액 × $\dfrac{보험금액}{보험가액}$

1) 보험금액 : 보험사고가 발생한 때에 보험회사가 피보험자에게 지급해야 하는 금액의 최고한도
2) 보험가액 : 보험사고가 발생한 때에 피보험자에게 발생 가능한 손해액의 최고한도

〈표2〉 피보험물건의 보험금액 및 보험가액

피보험물건	피보험물건 유형	보험금액	보험가액
A	주택	9천만 원	1억 원
B	일반물건	6천만 원	8천만 원
C	창고물건	7천만 원	1억 원
D	공장물건	9천만 원	1억 원
E	동산	6천만 원	7천만 원

① A − B − D − C − E
② A − D − B − E − C
③ B − A − C − D − E
④ B − D − A − C − E
⑤ D − B − A − E − C

15 다음 〈표〉는 주식매매 수수료율과 증권거래세율에 대한 자료이다. 주식매매 수수료는 주식 매도 시 매도자에게, 매수 시 매수자에게 부과되며 증권거래세는 주식 매도 시에만 매도자에게 부과된다고 할 때, 이에 대한 〈보기〉의 설명 중 옳은 것을 모두 고르면?

〈표 1〉 주식매매 수수료율과 증권거래세율

(단위 : %)

구분 \ 연도	2001	2003	2005	2008	2011
주식매매 수수료율	0.1949	0.1805	0.1655	0.1206	0.0993
유관기관 수수료율	0.0109	0.0109	0.0093	0.0075	0.0054
증권사 수수료율	0.1840	0.1696	0.1562	0.1131	0.0939
증권거래세율	0.3	0.3	0.3	0.3	0.3

〈표 2〉 유관기관별 주식매매 수수료율

(단위 : %)

유관기관 \ 연도	2001	2003	2005	2008	2011
한국거래소	0.0065	0.0065	0.0058	0.0045	0.0032
예탁결제원	0.0032	0.0032	0.0024	0.0022	0.0014
금융투자협회	0.0012	0.0012	0.0011	0.0008	0.0008
합계	0.0109	0.0109	0.0093	0.0075	0.0054

※ 주식거래 비용 = 주식매매 수수료 + 증권거래세
※ 주식매매 수수료 = 주식매매 대금 × 주식매매 수수료율
※ 증권거래세 = 주식매매 대금 × 증권거래세율

⊙ 2001년에 '갑'이 주식을 매수한 뒤 같은 해에 동일한 가격으로 전량 매도했을 경우, 매수 시 주식거래 비용과 매도 시 주식거래 비용의 합에서 증권사 수수료가 차지하는 비중은 50%를 넘지 않는다.
ⓒ 2005년에 '갑'이 1,000만원 어치의 주식을 매수할 때 '갑'에게 부과되는 주식매매 수수료는 16,550원이다.
ⓒ 모든 유관기관은 2011년 수수료율을 2008년보다 10% 이상 인하하였다.
ⓐ 2011년에 '갑'이 주식을 매도할 때 '갑'에게 부과되는 주식거래 비용에서 유관기관 수수료가 차지하는 비중은 2% 이하이다.

① ⊙, ⓒ   ② ⊙, ⓒ
③ ⓒ, ⓒ   ④ ⓒ, ⓐ
⑤ ⓒ, ⓐ

▌16~17 ▌ 다음은 A시의 연도별 · 혼인종류별 건수와 관련된 자료이다. 자료를 보고 이어지는 물음에 답하시오.

〈A시의 연도별 · 혼인종류별 건수〉

(단위 : 건)

구분		2007	2008	2009	2010	2011	2012	2013	2014	2015	2016
남자	초혼	279	270	253	274	278	274	272	257	253	㉠
	재혼	56	58	52	53	47	55	48	47	45	㉡
여자	초혼	275	266	248	269	270	272	267	255	249	231
	재혼	60	62	57	58	55	57	53	49	49	49

(단위 : 건)

구분	2007	2008	2009	2010	2011	2012	2013	2014	2015	2016
남(초) + 여(초)	260	250	235	255	260	255	255	241	( )	( )
남(재) + 여(초)	15	16	13	14	10	17	12	14	( )	( )
남(초) + 여(재)	19	20	18	19	18	19	17	16	( )	( )
남(재) + 여(재)	41	42	39	39	37	38	36	33	( )	( )

※ 초 : 초혼, 재 : 재혼

16 아래 자료를 참고할 때, 위의 빈 칸 ㉠, ㉡에 들어갈 알맞은 수치는 얼마인가?

구분	2015년의 2007년 대비 증감 수	2014~2016년의 연평균 건수
남(초) + 여(초)	-22	233
남(재) + 여(초)	-4	12
남(초) + 여(재)	-4	16
남(재) + 여(재)	-7	33

① 237, 53 ② 240, 55
③ 237, 43 ④ 240, 43
⑤ 240, 40

17 위의 상황을 근거로 한 다음 〈보기〉와 같은 판단 중 타당한 것으로 볼 수 있는 것을 모두 고르면?

〈보기〉
㈎ 자신은 초혼이지만 상대방은 재혼이라도 괜찮다고 생각한 것은 남성이 여성보다 매년 더 많다.
㈏ 이혼율이 증가하면 초혼 간의 혼인율이 감소한다.
㈐ 여성의 재혼 건수가 전년보다 증가한 해는 남성의 재혼 건수도 항상 전년보다 증가한다.
㈑ 2016년에는 10년 전보다 재혼이 증가하고 초혼이 감소하였다.

① ㈎, ㈏ ② ㈎, ㈐
③ ㈏, ㈐ ④ ㈏, ㈑
⑤ ㈐, ㈑

18 다음에 제시된 명제들이 모두 참일 경우, 이 조건들에 따라 내릴 수 있는 결론으로 적절한 것은?

㉠ 인사팀을 좋아하지 않는 사람은 생산팀을 좋아한다.
㉡ 기술팀을 좋아하지 않는 사람은 홍보팀을 좋아하지 않는다.
㉢ 인사팀을 좋아하는 사람은 비서실을 좋아하지 않는다.
㉣ 비서실을 좋아하지 않는 사람은 홍보팀을 좋아한다.

① 홍보팀을 싫어하는 사람은 인사팀을 좋아한다.
② 비서실을 싫어하는 사람은 생산팀도 싫어한다.
③ 기술팀을 싫어하는 사람은 생산팀도 싫어한다.
④ 생산팀을 좋아하는 사람은 기술팀을 싫어한다.
⑤ 생산팀을 좋아하지 않는 사람은 기술팀을 좋아한다.

19 조향사인 수호는 여러 가지 향기 시료를 조합하여 신상품을 개발하고 있다. 다음을 근거로 판단할 때, 수호가 시료 조합을 통해 만들 수 있는 향기로 옳지 않은 것은?

- 수호는 현재 딸기향, 바다향, 바닐라향, 파우더향, 커피향 시료를 10㎖씩 가지고 있다.
- 시료는 한 번 조합할 때 10㎖를 사용하며, 이미 조합한 시료를 다시 조합할 수 있다.
- 시료는 2개씩만 조합할 수 있고, 서로 다른 향기의 시료를 조합하면 다음과 같이 향이 변한다.
  - 딸기향 시료와 바다향 시료를 조합하면, 모두 숲속향 시료가 된다.
  - 딸기향 시료와 바닐라향 시료를 조합하면 두 층으로 분리되며 각각 딸기향 시료와 베리향 시료가 된다.
  - 바다향 시료와 바닐라향 시료를 조합하면 두 층으로 분리되며 각각 바다향 시료와 나무향 시료가 된다.
  - 파우더향 시료를 다른 향기의 시료와 조합하면, 모두 그 다른 향기의 시료가 된다.
  - 커피향 시료를 다른 향기의 시료와 조합하면, 모두 커피향 시료가 된다.

① 딸기향 10㎖, 바다향 10㎖, 숲속향 20㎖, 커피향 10㎖
② 베리향 10㎖, 바다향 10㎖, 바닐라향 10㎖, 커피향 20㎖
③ 딸기향 10㎖, 베리향 10㎖, 바다향 20㎖, 커피향 10㎖
④ 숲속향 30㎖, 나무향 10㎖, 커피향 10㎖
⑤ 딸기향 20㎖, 나무향 10㎖, 커피향 20㎖

20 5명(A ~ E)이 다음 규칙에 따라 게임을 하고 있다. 4→1→1의 순서로 숫자가 호명되어 게임이 진행되었다면 네 번째 술래는?

- A→B→C→D→E 순으로 반시계방향으로 동그랗게 앉아 있다.
- 한 명의 술래를 기준으로, 술래는 항상 숫자 3을 배정받고, 반시계방향으로 술래 다음 사람이 숫자 4를, 그 다음 사람이 숫자 5를, 술래 이전 사람이 숫자 2를, 그 이전 사람이 숫자 1을 배정받는다.
- 술래는 1 ~ 5의 숫자 중 하나를 호명하고, 호명된 숫자에 해당하는 사람이 다음 술래가 된다. 새로운 술래를 기준으로 다시 위의 조건에 따라 숫자가 배정되며 게임이 반복된다.
- 첫 번째 술래는 A다.

① A ② B
③ C ④ D
⑤ E

┃21~22 ┃ 다음은 K지역의 지역방송 채널 편성정보이다. 다음을 보고 이어지는 물음에 답하시오.

[지역방송 채널 편성규칙]
- K시의 지역방송 채널은 채널1, 채널2, 채널3, 채널4 네 개이다.
- 오후 7시부터 12시까지는 다음을 제외한 모든 프로그램이 1시간 단위로만 방송된다.

시사정치	기획물	예능	영화 이야기	지역 홍보물
최소 2시간 이상	1시간 30분	40분	30분	20분

- 모든 채널은 오후 7시부터 12시까지 뉴스 프로그램이 반드시 포함되어 있다.

[오후 7시~12시 프로그램 편성내용]
- 채널1은 3개 프로그램이 방송되었으며, 9시 30분부터 시사정치를 방송하였다.
- 채널2는 시사정치와 지역 홍보물 방송이 없었으며, 기획물, 예능, 영화 이야기가 방송되었다.
- 채널3은 6시부터 시작한 시사정치 방송이 9시에 끝났으며, 바로 이어서 뉴스가 방송되었고 기획물도 방송되었다.
- 채널4에서는 예능 프로그램이 연속 2회 편성되었고, 예능을 포함한 4종류의 프로그램이 방송되었다.

21 다음 중 위의 자료를 참고할 때, 오후 7시~12시까지의 방송 프로그램에 대하여 바르게 설명하지 못한 것은? (단, 프로그램의 중간에 광고방송 시간은 고려하지 않는다.)

① 채널1에서 기획물이 방송되었다면 예능은 방송되지 않았다.
② 채널2는 정확히 12시에 프로그램이 끝나며 새로 시작되는 프로그램이 있을 수 없다.
③ 채널3에서 영화 이야기가 방송되었다면, 정확히 12시에 어떤 프로그램이 끝나게 된다.
④ 채널4에서 예능 프로그램이 연속 2회 방송되기 위해서는 반드시 뉴스보다 먼저 방송되어야 한다.
⑤ 채널4에서 영화 이야기가 방송되었다면 시사정치도 방송되었다.

22 다음 중 각 채널별로 정각 12시에 방송하던 프로그램을 마치기 위한 방법을 설명한 것으로 옳지 않은 것은? (단, 프로그램의 중간에 광고방송 시간은 고려하지 않는다.)

① 채널1에서 기획물을 방송한다면 시사정치를 2시간 반만 방송한다.

② 채널2에서 지역 홍보물 프로그램을 추가한다.

③ 채널3에서 영화 이야기 프로그램을 추가한다.

④ 채널4에서 시사정치를 적어도 11시 반까지는 방송한다.

⑤ 채널2에서 영화 이야기 프로그램 편성을 취소한다.

23 다음은 L사의 사내 전화번호부 사용법과 일부 직원들의 전화번호이다. 신입사원인 A씨가 다음 내용을 보고 판단한 것으로 적절하지 않은 것은 어느 것인가?

- 일반 전화걸기 : 회사 외부로 전화를 거는 경우 수화기를 들고 9번을 누른 후 지역번호부터 누른다.
- 타 직원에게 전화 돌려주기 : 수화기를 들고 # 버튼을 누른 후 원하는 직원의 내선번호를 누른다.
- 직원 간 내선통화 : 수화기를 들고 직원의 내선번호를 누른다.
- 전화 당겨 받기 : 수화기를 들고 * 버튼을 두 번 누른다.
- 통화대기 : 통화 도중 통화대기 버튼을 누르고 수화기를 내린다. 다시 통화하려면 수화기를 들고 통화대기 버튼을 누른다.

부서	이름	내선번호	부서	이름	내선번호
기획팀	신 과장	410	총무팀	김 과장	704
	최 대리	413	영업1팀	신 대리	513
인사팀	김 사원	305		오 사원	515
	백 대리	307	영업2팀	이 대리	105
마케팅팀	이 부장	201		정 과장	103

① 내선번호에는 조직의 편제에 따른 구분이 감안되어 있다.

② 통화 중인 이 부장과의 통화를 위해 대기 중이던 김 과장은 이 부장의 통화가 끝나면 수화기를 들고 201을 눌러야 한다.

③ 신 대리에게 걸려 온 전화를 오 사원이 당겨 받으려면 신 대리의 내선번호를 누르지 않아도 된다.

④ 최 대리가 이 대리에게 전화를 연결해 주려면 반드시 105번을 눌러야 한다.

⑤ 통화 중이던 백 대리가 # 버튼을 누르게 되면 상대방은 아직 통화가 끝나지 않은 것이다.

24 ○○커피에 근무하는 甲은 신규 매장 오픈을 위한 위치 선정을 하고 있다. 다음은 기존 매장의 위치를 표시한 것으로 아래의 조건에 따라 신규 매장 위치를 선정한다고 할 때, ⓐ~ⓔ 중 신규 매장이 위치할 수 없는 곳은 어디인가?

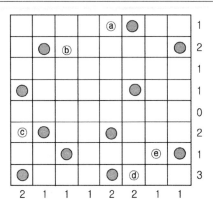

- 신규 매장은 바로 인접한 하나의 기존 매장으로부터 재료를 반드시 공급받아야 하고, 대각선 방향의 기존 매장은 이용할 수 없다.
- 기존 매장 하나는 하나의 신규 매장에만 재료를 공급할 수 있으며, 두 개의 신규 매장은 인접해서 위치하지 않고 대각선으로도 놓여있지 않다.
- 그림 밖의 숫자는 가로, 세로 줄에 위치할 신규 매장 수이다.

① ⓐ

② ⓑ

③ ⓒ

④ ⓓ

⑤ ⓔ

25 공무원연금공단은 다음 기준에 따라 사망조위금을 지급하고 있다. 기준을 근거로 판단할 때 옳게 판단한 직원을 모두 고르면? (단, 사망조위금은 최우선 순위의 수급권자 1인에게만 지급한다)

〈사망조위금 지급기준〉

사망자	수급권자 순위	
공무원의 배우자·부모 (배우자의 부모 포함)·자녀	해당 공무원이 1인인 경우	해당 공무원
	해당 공무원이 2인 이상인 경우	1. 사망한 자의 배우자인 공무원 2. 사망한 자를 부양하던 직계비속인 공무원 3. 사망한 자의 최근친 직계비속인 공무원 중 최연장자 4. 사망한 자의 최근친 직계비속의 배우자인 공무원 중 최연장자 직계비속의 배우자인 공무원
공무원 본인	1. 사망한 공무원의 배우자 2. 사망한 공무원의 직계비속 중 공무원 3. 장례와 제사를 모시는 자 중 아래의 순위 　가. 사망한 공무원의 최근친 직계비속 중 최연장자 　나. 사망한 공무원의 최근친 직계존속 중 최연장자 　다. 사망한 공무원의 형제자매 중 최연장자	

- 甲 : A와 B는 비(非)공무원 부부이며 공무원 C(37세)와 공무원 D(32세)를 자녀로 두고 있다. 공무원 D가 부모님을 부양하던 상황에서 A가 사망하였다면, 사망조위금 최우선 순위 수급권자는 D이다.
- 乙 : A와 B는 공무원 부부로 비공무원 C를 아들로 두고 있으며, 공무원 D는 C의 아내이다. 만약 C가 사망하였다면, 사망조위금 최우선 순위 수급권자는 A이다.
- 丙 : 공무원 A와 비공무원 B는 부부이며 비공무원 C(37세)와 비공무원 D(32세)를 자녀로 두고 있다. A가 사망하고 C와 D가 장례와 제사를 모시는 경우, 사망조위금 최우선 순위 수급권자는 C이다.

① 甲
② 乙
③ 丙
④ 甲, 乙
⑤ 甲, 丙

〉〉 직무수행능력평가(토목일반)

26 수준측량에서 전·후시 거리를 같게 함으로써 제거되는 오차가 아닌 것은?

① 빛의 굴절오차
② 지구의 곡률오차
③ 시준선이 기포관축과 평행하지 않아 생기는 오차
④ 표척눈금의 부정확에서 오는 오차

27 클로소이드의 종류 중 복합형에 대한 설명으로 옳은 것은?

① 직선부, 클로소이드, 원곡선, 클로소이드, 직선부가 연속되는 평면 선형
② 반향곡선 사이에 2개의 클로소이드를 삽입한 평면 선형
③ 같은 방향으로 구부러진 2개의 클로소이드 사이에 직선부를 삽입한 평면 선형
④ 같은 방향으로 구부러진 2개 이상의 클로소이드로 이어진 평면 선형

28 사진측량의 특징에 대한 설명으로 옳지 않은 것은?

① 기상의 제약 없이 측량이 가능하다.
② 정량적 관측이 가능하다.
③ 측량의 정확도가 균일하다.
④ 정성적 관측이 가능하다.

29 삼각측량과 삼변측량에 대한 설명으로 바르지 않은 것은?

① 삼변측량은 변 길이를 관측하여 삼각점의 위치를 구하는 측량이다.
② 삼각측량의 삼각망 중 가장 정확도가 높은 망은 사변형 삼각망이다.
③ 삼각점의 선점 시 기계나 측표가 동요할 수 있는 습지나 하상은 피한다.
④ 삼각점의 등급을 정하는 주된 목적은 표석설치를 편리하게 하기 위함이다.

30 GNSS 관측성과로 바르지 않은 것은?

① 지오이드 모델

② 경도와 위도

③ 지구중심좌표

④ 타원체고

31 Meyerhof의 극한지지력 공식에서 사용하지 않는 계수는?

① 형상계수

② 깊이계수

③ 시간계수

④ 하중경사계수

32 흙의 다짐시험에서 다짐에너지를 증가시키면 일어나는 결과는?

① 최적함수비는 증가하고, 최대건조단위중량은 감소한다.

② 최적함수비는 감소하고, 최대건조단위중량은 증가한다.

③ 최적함수비와 최대건조 단위중량이 모두 감소한다.

④ 최적함수비와 최대건조 단위중량이 모두 증가한다.

33 사면의 안정에 관한 다음 설명 중 바르지 않은 것은?

① 임계활동면이란 안전율이 가장 크게 나타나는 활동면을 말한다.

② 안전율이 최소로 되는 활동면을 이루는 원을 임계원이라 한다.

③ 활동면에 발생하는 전단응력이 흙의 전단강도를 초과할 경우 활동이 일어난다.

④ 활동면은 일반적으로 원형활동면으로도 가정한다.

34 다음 지반개량공법 중 연약한 점토지반에 적당하지 않은 것은?

① 샌드드레인 공법

② 프리로딩 공법

③ 치환 공법

④ 바이브로 플로테이션 공법

35 흙의 다짐에 대한 설명으로 바르지 않은 것은?

① 최적함수비는 흙의 종류와 다짐에너지에 따라 다르다.

② 일반적으로 조립토일수록 다짐곡선의 기울기가 급하다.

③ 흙이 조립토에 가까울수록 최적함수비가 커지며 최대건조 단위중량은 작아진다.

④ 함수비의 변화에 따라 건조단위중량이 변하는데 건조단위 중량이 가장 클 때의 함수비를 최적함수비라고 한다.

36 다음 중 지하수에서 Darcy 법칙의 유속에 대한 설명으로 바른 것은?

① 영향권의 반지름에 비례한다.

② 동수경사에 비례한다.

③ 동수반지름(Hydraulic Radius)에 비례한다.

④ 수심에 비례한다.

37 다음 표와 같이 40분간 집중호우가 계속되었다면 지속기간 20분인 최대강우강도는?

시간(분)	우량(mm)
0~5	1
5~10	4
10~15	2
15~20	5
20~25	8
25~30	7
30~35	3
35~40	2

① $I = 49\,[\text{mm/hr}]$　　② $I = 59\,[\text{mm/hr}]$

③ $I = 69\,[\text{mm/hr}]$　　④ $I = 72\,[\text{mm/hr}]$

38 단위유량도(Unit Hydrograph)를 작성함에 있어서 기본 가정에 해당하지 않는 것은?

① 비례가정

② 중첩가정

③ 직접유출의 가정

④ 일정 기저시간의 가정

39 다음 중에서 차원이 다른 것은?

① 증발량

② 침투율

③ 강우강도

④ 유출량

40 동해의 일본 측으로부터 300[km] 파장의 지진해일이 발생하여 수심 3,000[m]의 동해를 가로질러 2,000[km] 떨어진 우리나라 동해안에 도달한다고 할 때, 걸리는 시간은? (단, 파속 $C = \sqrt{gh}$, 중력가속도는 $9.8[\text{m/s}^2]$이고 수심은 일정한 것으로 가정한다.)

① 약 150분

② 약 194분

③ 약 274분

④ 약 332분

41 T형보에서 주철근이 보의 방향과 같은 방향일 때 하중이 직접적으로 플랜지에 작용하게 되면 플랜지가 아래로 휘면서 파괴될 수 있다. 이 휨 파괴를 방지하기 위해서 배치하는 철근은?

① 연결철근

② 표피철근

③ 종방향철근

④ 횡방향철근

42 다음 중 프리스트레스의 도입 후에 일어나는 손실의 원인이 아닌 것은?

① 콘크리트의 크리프

② PS강재와 쉬스 사이의 마찰

③ 콘크리트의 건조수축

④ PS강재의 릴렉세이션

43 철근콘크리트 부재의 비틀림철근 상세에 대한 설명으로 틀린 것은? (단, P_h는 가장 바깥의 횡방향 폐쇄스터럽 중심선의 둘레(mm)이다.)

① 종방향 비틀림철근은 양단에 정착하여야 한다.

② 횡방향 비틀림철근의 간격은 $P_h/4$보다 작아야 하고 또한 200mm보다 작아야 한다.

③ 종방향 철근의 지름은 스터럽 간격의 1/24 이상이어야 하며 D10 이상의 철근이어야 한다.

④ 비틀림에 요구되는 종방향 철근은 폐쇄스터럽의 둘레를 따라 300mm 이하의 간격으로 분포시켜야 한다.

44 다음 중 콘크리트 구조물을 설계할 때 사용하는 하중인 활하중(live load)에 속하지 않는 것은?

① 건물이나 다른 구조물의 사용 및 전용에 의해 발생되는 하중으로서 사람, 가구, 이동칸막이 등의 하중

② 적설하중

③ 교량 등에서 차량에 의한 하중

④ 풍하중

45 철근콘크리트 부재의 절단이음에 관한 설명으로 바르지 않은 것은?

① D35를 초과하는 철근은 겹침이음을 하지 않아야 한다.

② 인장이형철근의 겹침이음에서 A급 이음은 $1.3l_d$ 이상, B급 이음은 $1.0l_d$ 이상 겹쳐야 한다. (단, l_d는 규정에 의해 계산된 인장이형철근의 정착길이이다.)

③ 압축이형철근의 이음에서 콘크리트의 설계기준압축강도가 21MPa 미만인 경우에는 겹침이음길이를 1/3 증가시켜야 한다.

④ 용접이음과 기계적 이음은 철근의 항복강도의 125% 이상을 발휘할 수 있어야 한다.

46 다음 그림과 같은 보에서 A점의 반력은?

① 15kN

② 18kN

③ 20kN

④ 23kN

47 아래 그림과 같은 트러스에서 U부재에 일어나는 부재내력은?

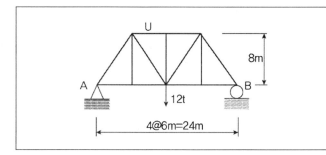

① 9t(압축)

② 9t(인장)

③ 15t(압축)

④ 15t(인장)

48 다음 중 단위변형을 일으키는 데 필요한 힘은?

① 강성도

② 유연도

③ 축강도

④ 프아송비

49 다음 T형 단면에서 X축에 대한 단면 2차모멘트의 값은?

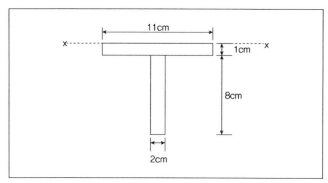

① 413cm⁴

② 446cm⁴

③ 489cm⁴

④ 513cm⁴

50 양단이 고정된 기둥에 축방향력에 의한 좌굴하중 P_{cr} 을 구하면? (E : 탄성계수, I : 단면 2차 모멘트, L : 기둥의 길이)

① $P_{cr} = \dfrac{\pi^2 EI}{L^2}$

② $P_{cr} = \dfrac{\pi^2 EI}{2L^2}$

③ $P_{cr} = \dfrac{\pi^2 EI}{4L^2}$

④ $P_{cr} = \dfrac{4\pi^2 EI}{L^2}$

코레일
(한국철도공사)
필기시험 모의고사

- 토목 -

정답 및 해설

SEOWONGAK
(주)서원각

제1회 정답 및 해설

>> 직업기초능력평가

1 ②
① 필요할 때는 쓰고 필요 없을 때는 야박하게 버리는 경우를 이르는 말
③ 원수를 갚거나 마음먹은 일을 이루기 위하여 온갖 어려움과 괴로움을 참고 견딤
④ 공적인 일을 먼저 하고 사사로운 일은 뒤로 미룸
⑤ 고국의 멸망을 한탄함을 이르는 말

2 ①
② 위력이나 위엄으로 세력이나 기세 따위를 억눌러서 통제함
③ 필요한 것을 사거나 만들거나 하여 갖춤
④ 어떠한 현상을 일으키거나 영향을 미침
⑤ 앞으로 해야 할 일이나 겪을 일에 대한 마음의 준비

3 ③
ⓒ 당시 미국 산림청장은 핀쇼이다.

4 ①
⊙의 의미는 ①에 해당한다.

5 ③
아리스토텔레스는 모든 자연물이 목적을 추구하는 본성을 타고나며, 외적 원인이 아니라 내재적 본성에 따른 운동을 한다는 목적론을 제시하였다. 아리스토텔레스에 따르면 이러한 본성적 운동의 주체는 단순히 목적을 갖는 데 그치는 것이 아니라 목적을 실현할 능력도 타고난다.

6 ④
①⑤ 소스 부호화는 데이터를 압축하기 위해 기호를 0과 1로 이루어진 부호로 변환하는 과정이다. 오류를 검출하고 정정하기 위하여 부호에 잉여 정보를 추가하는 과정은 채널 부호화이다.
② 송신기에서 부호를 전송하면 채널의 잡음으로 인해 오류가 발생한다.
③ 잉여 정보는 오류를 검출하고 정정하기 위하여 부호에 추가하는 정보이다.

7 ②
② 기호 집합의 평균 정보량을 기호 집합의 엔트로피라고 하는데 모든 기호들이 동일한 발생 확률을 가질 때 그 기호 집합의 엔트로피는 최댓값을 갖는다. 기호들의 발생 확률이 서로 다르므로 평균 정보량이 최댓값을 갖지 않는다.

8 ⑤
⑤ 삼중 반복 부호화는 0을 000으로 부호화하는데, 두 개의 비트에 오류가 있으면 110, 101, 011이 되어 1로 판단하므로 오류는 정정되지 않는다.

9 ③
③ 지문 및 얼굴 정보 제공은 17세 이상의 외국인에 해당한다.

10 ①
• 총 45지점이므로 $A + B + C = 10$
• PO터미날과 PO휴먼스의 직원 수가 같으므로
$5 + B = 6 + 1$, $\therefore B = 2$
• PO메이트의 공장 수는 PO휴먼스의 공장 수의 절반이므로 $\therefore A = 6 \times \dfrac{1}{2} = 3$
• PO메이트의 공장 수와 PO터미날의 공장 수를 합하면 PO기술투자의 공장 수와 같으므로
$A + B = C$, $\therefore C = 5$
따라서 $A = 3$, $B = 2$, $C = 5$이므로 두 번째로 큰 값은 3(A)이다.

11 ④

구분 \ 물품	A	B	C	D	E	F	G	H
조달단가 (억 원)	3	4	5	6	7	8	10	16
구매 효용성	1	0.5	1.8	2.5	1	1.75	1.9	2
정량적 기대효과	3	2	9	15	7	14	19	32

따라서 20억 원 이내에서 구매예산을 집행한다고 할 때, 정량적 기대효과 총합이 최댓값이 되는 조합은 C, D, F로 9 + 15 + 14 = 38이다.

12 ②

① 분만 : $\frac{2,909 - 3,295}{3,295} \times 100 ≒ -11.7\%$

② 검사 : $\frac{909 - 97}{97} \times 100 ≒ 837.1\%$

③ 임신장애 : $\frac{619 - 607}{607} \times 100 ≒ 2.0\%$

④ 불임 : $\frac{148 - 43}{43} \times 100 ≒ 244.2\%$

⑤ 기타 : $\frac{49 - 45}{45} \times 100 ≒ 8.9\%$

13 ⑤

⑤ E에 들어갈 값은 37.9 + 4.3 = 42.2이다.

14 ③

재정력지수가 1 이상이면 지방교부세를 지원받지 않는다. 따라서 3년간 지방교부세를 지원받은 적이 없는 지방자치단체는 서울, 경기 두 곳이다.

15 ④

• 푸르미네 가족의 월간 탄소배출량은
(420 × 0.1) + (40 × 0.2) + (60 × 0.3) + (160 × 0.5) = 42 + 8 + 18 + 80 = 148kg이다.

• 소나무 8그루와 벚나무 6그루를 심을 경우 흡수할 수 있는 탄소흡수량은
(14 × 8) + (6 × 6) = 112 + 36 = 148kg/그루・월로 푸르미네 가족의 월간 탄소배출량과 같다.

16 ③

㈎ 남편과 아내가 한국국적인 경우에 해당하는 수치가 되므로 우리나라 남녀 모두 다문화 배우자와 결혼하는 경우가 전년보다 감소하였음을 알 수 있다. → ○

㈏ (88,929 − 94,962) ÷ 94,962 × 100 = 약 −6.35% 가 된다. 따라서 다문화 신혼부부 전체의 수는 2018년에 전년대비 감소한 것이 된다. → ×

㈐ 5.0→6.9(남편), 32.2→32.6(아내)로 구성비가 변동된 베트남과 10.9→11.1(남편), 4.4→4.6(아내)로 구성비가 변동된 기타 국가만이 증가하였다. → ○

㈑ 중국인과 미국인 남편의 경우 2017년이 61.1%, 2018년이 60.2%이며, 중국인과 베트남인 아내의 경우 2017년이 71.4%, 2018년이 71.0%로 두 시기에 모두 50% 이상의 비중을 차지한다. → ○

17 ①

일본인이 남편인 경우는 2017년에 22,448쌍 중 7.5%를 차지하던 비중이 2018년에 22,114쌍 중 6.5%의 비중으로 변동되었다. 따라서 22,448 × 0.075 = 1,683쌍에서 22,114 × 0.065 = 1,437쌍으로 변동되어 246쌍이 감소되었다.

18 ②

• 명제 1을 벤다이어그램으로 나타내면 전체 집합 U는 '등산을 좋아하는 사람'이 되고, 그 중 낚시를 좋아하는 사람을 표시할 수 있다.

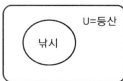

• 명제 2를 벤다이어그램으로 나타내면 다음과 같다.

- 이 두 명제를 결합하여 벤다이어그램으로 나타내면 다음과 같다.

- 등산을 좋아하는 사람 중 등산과 낚시를 둘 다 좋아 하는 사람과 등산만 좋아하는 사람은 골프를 좋아하 지 않으므로 결론 A는 옳지 않다.
- 낚시를 좋아하는 사람은 모두 등산을 좋아하는 사람 이므로 결론 B는 옳다.

19 ①

첫 번째와 두 번째 조건을 정리해 보면, 세 사람은 모 두 각기 다른 건물에 연구실이 있으며, 오늘 갔던 서 점도 서로 겹치지 않는 건물에 있다.

세 번째 조건에서 최 교수와 김 교수는 오늘 문학관 서점에 가지 않았다고 하였으므로 정 교수가 문학관 서점에 간 것을 알 수 있다. 즉, 정 교수는 홍보관에 연구실이 있고 문학관 서점에 갔다.

네 번째 조건에서 김 교수는 정 교수가 오늘 갔던 서 점이 있는 건물에 연구실이 있다고 하였으므로 김 교 수의 연구실은 문학관에 있고, 따라서 최 교수는 경영 관에 연구실이 있다.

20 ②

(가) 충전시간 당 통화시간은 A모델 6.8H > D모델 5.9H > B모델 4.8H > C모델 4.0H 순이다. 음악 재생시간은 D모델 > A모델 > C모델 > B모델 순 으로 그 순위가 다르다. (X)

(나) 충전시간 당 통화시간이 5시간 이상인 것은 A모델 6.8H과 D모델 5.9H이다. (O)

(다) 통화 1시간을 감소하여 음악재생 30분의 증가 효 과가 있다는 것은 음악재생에 더 많은 배터리가 사용된다는 것을 의미하므로 A모델은 음악재생에, C모델은 통화에 더 많은 배터리가 사용된다. (X)

(라) B모델은 통화시간 1시간 감소 시 음악재생시간 30 분이 증가한다. 현행 12시간에서 10시간으로 통화 시간을 2시간 감소시키면 음악재생시간이 1시간 증가하여 15시간이 되므로 C모델과 동일하게 된 다. (O)

21 ③

두 개의 제품 모두 무게가 42g 이하여야 하므로 B모 델은 제외된다. K씨는 충전시간이 짧고 통화시간이 길어야 한다는 조건만 제시되어 있으므로 나머지 세 모델 중 A모델이 가장 적절하다.

친구에게 선물할 제품은 통화시간이 16시간이어야 하 므로 통화시간을 더 늘릴 수 없는 A모델은 제외되어 야 한다. 나머지 C모델, D모델은 모두 음악재생시간 을 조절하여 통화시간을 16시간으로 늘릴 수 있으며 이때 음악재생시간 감소는 C, D모델이 각각 8시간(통 화시간 4시간 증가)과 6시간(통화시간 3시간 증가)이 된다. 따라서 두 모델의 음악재생 가능시간은 15 − 8 = 7시간, 18 − 6 = 12시간이 된다. 그런데 일주일 1 회 충전하여 매일 1시간씩의 음악을 들을 수 있으면 된다고 하였으므로 7시간 이상의 음악재생시간이 필 요하지는 않으며, 7시간만 충족될 경우 고감도 스피커 제품이 더 낫다고 요청하고 있다. 따라서 D모델보다 C모델이 더 적절하다는 것을 알 수 있다.

22 ④

애완동물을 데리고 승강기에 탑승할 경우 반드시 안 고 탑승해야 하며, 타인에게 공포감을 주지 말아야 한 다는 규정은 있으나, 승강기 이용이 제한되거나 반드 시 계단을 이용해야만 하는 것은 아니므로 잘못된 안 내 사항이다.

23 ④

건설비용 추가 발생 우려는 K공사의 위협 요인(T)이 며, 인근 지역의 개발 기회를 통해 이러한 비용 부분 이 만회(S)될 수 있다는 것이므로 ST전략이다.

① 자사의 우수한 기술력(S) + 경쟁 극복(T)→ST전략
② 연락사무소 설치(W) + 경쟁업체 동향 파악(T)으로 약점 최소화→WT전략
③ 현지 근로인력 이용(O) + 우수 기술 교육 및 전수 (S)→SO전략
⑤ 사고 경험(W) + 우수 사례로 경쟁 극복(T)하여 위 협 제거 및 약점 최소화→WT전략

24 ⑤

㉠ $a = b = c = d = 25$라면, 1시간당 수송해야 하는 관객의 수는 $40,000 \times 0.25 = 10,000$명이다. 버스는 한 번에 대당 최대 40명의 관객을 수송하고 1시간에 10번 수송 가능하므로, 1시간 동안 1대의 버스가 수송할 수 있는 관객의 수는 400명이다. 따라서 10,000명의 관객을 수송하기 위해서는 최소 25대의 버스가 필요하다.

㉡ $d = 40$이라면, 공연 시작 1시간 전에 기차역에 도착하는 관객의 수는 16,000명이다. 16,000명을 1시간 동안 모두 수송하기 위해서는 최소 40대의 버스가 필요하다.

㉢ 공연이 끝난 후 2시간 이내에 전체 관객을 공연장에서 기차역까지 수송하려면 시간당 20,000명의 관객을 수송해야 한다. 따라서 회사에게 필요한 버스는 최소 50대이다.

25 ④

2016년 기준 최근 실시한 임기만료에 의한 국회의원 선거의 선거권자 총수는 3천만 명이고 보조금 계상단가는 1,030원(2015년 1,000원＋30원)이므로 309억 원을 지급하여야 하는데, 5월 대통령선거와 8월 동시지방선거가 있으므로 각각 309억 원씩을 더하여 총 927억 원을 지급해야 한다.

》 직무수행능력평가(토목일반)

26 ②

중심말뚝은 노선의 중심선의 위치를 지상에 표시하는 말뚝으로서 일반적으로 20m마다 설치한다.

27 ④

지반의 높이를 비교할 때 사용하는 기준면은 평균해수면(mean sea level)이다.

28 ②

지형도의 매수는 $\left(\dfrac{5,000}{500}\right)^2 = 100$매가 된다.

29 ①

$\dfrac{\triangle A}{A} = \dfrac{0.1}{100} = 2 \cdot \dfrac{\triangle L}{L}$ 이므로 $\dfrac{\triangle L}{L} = \dfrac{1}{2,000}$

30 ①

$$H_B = H_A + \frac{(a_1 - b_1) + (a_2 - b_2)}{2}$$
$$= 55 + \frac{(1.34 - 1.14) + (0.84 - 0.56)}{2}$$
$$= 55.24[\text{m}]$$

31 ②

투수계수 $K = D_s^2 \cdot \dfrac{r_w}{\eta} \cdot \dfrac{e^3}{1+e} \cdot C$

D_s : 흙 입자의 입경, r_w : 물의 단위중량

η : 물의 점성계수, e : 공극비

C : 합성형상계수, K : 투수계수

32 ④

투수계수는 물의 단위중량과는 관련이 없는 값이다.

33 ③

사질토 지반의 지지력은 재하판의 폭에 비례한다.
즉, $0.3 : 20 = 1.8 : q_u$ 이므로 극한지지력 $q_u = 120$ t/m^2

$$q_t = \frac{q_u}{F} = \frac{120}{3} = 40 \, \text{t/m}^2$$

$$Q_a = q_t \cdot A = 40 \times 1.8 \times 1.8 = 129.6 \, \text{t}$$

34 ②

누가우량으로부터 시간별 우량을 구해야 한다.

시간(분)	5	10	15	20	25	30	35	40
누가우량(mm)	2	5	10	20	35	40	43	45
우량(mm)	2	3	5	10	15	5	3	2

20분 동안 강우량이 최대인 시간대는 15분, 20분, 25분, 30분 구간이다. 따라서 이 시간대의 우량을 합하면 $5 + 10 + 15 + 5 = 35[\text{mm}]$가 된다. 따라서 강우강도는 $I = \frac{60}{20} \cdot 35 = 105[\text{mm/hr}]$

35 ②

t_1에서의 수증기분압은 $e_1 = \frac{h \cdot e_s}{100} = \frac{70 \cdot 10}{100} = 7\%$

t_2에서의 수증기분압은 $e_2 = 7 + 7 \cdot 0.2 = 8.4\%$

t_2에서의 상대습도 $h = \frac{8.4}{14} \times 100 = 60[\%]$

36 ①

② 누가우량곡선의 경사는 지역에 따라 다를 수 있다.
③ 누가우량곡선으로부터 일정기간 내의 강우량을 산출하는 것은 가능하다.
④ 누가우량곡선은 자기우량기록에 의해 작성하는 것이 보통 우량계의 기록에 의해 작성하는 것보다 더 정확하다.

37 ①

250[N]은 25[kg]으로 환산하여 다음 식에서 답을 구한다.
$W = B + W'$에서 부력 $B = wV$이므로
$75 = 1,000 \times V + 25$이므로 $V = 0.05[\text{m}^3]$

38 ②

우량은 하천으로 유출되기 전까지 손실이 필연적으로 발생하게 된다.

39 ④

침루(percolation) … 토양면을 통해 스며든 물이 중력의 영향 때문에 지하로 이동하여 지하수면까지 도달하는 현상

40 ②

부벽식 옹벽의 전면벽은 3변 지지된 2방향 슬래브로 설계할 수 있다.

41 ③

철근의 응력이 설계기준항복강도(f_y) 이상일 때 철근의 응력은 설계기준항복강도와 동일한 값으로 해야 한다.

42 ③

$$\triangle f_{pe} = n f_{cs} = n \frac{P_i}{A_g} = n \frac{f_p \cdot N A_p}{bh} = 6 \cdot \frac{1,000 \cdot 4 \cdot 150}{400 \cdot 500} = 18$$
[MPa]

43 ②

사인장철근은 주로 전단응력을 부담한다.

44 ①

집중용접을 하게 되면 용접열에 의한 결함(라멜라 티어링 등)이 발생할 수 있으므로 집중용접은 되도록 피하는 것이 좋다.

45 ②

$f_{ck} > 28\mathrm{MPa}$인 경우의 β_1의 값

$$\beta_1 = 0.85 - 0.007(f_{ck} - 28) = 0.801 \, (\beta_1 \geq 0.65)$$

$$c = \frac{f_y A_s}{0.85 f_{ck} b \beta_1} = 86.6\,\mathrm{mm},$$

$$\varepsilon_t = \frac{d_t - c}{c}\varepsilon_c = \frac{450 - 86.6}{86.6} \times 0.003 = 0.0126$$

46 ③

$$u = \frac{8P \cdot s}{l^2} = \frac{8 \cdot 1{,}000 \cdot 0.25}{(8\mathrm{m})^2} = 31.25\,[\mathrm{kN/m}]$$

47 ②

$$\delta = \delta_{AB} + \delta_{BC} = \frac{PL}{2EA} + \frac{PL}{EA} = \frac{3PL}{2EA}$$

48 ④

$$\tau = \frac{VQ}{Ib} = \frac{2{,}000 \cdot 9{,}360}{(4.435 \times 10^5)(10)} = 4.22\,[\mathrm{kg/cm^2}]$$

49 ③

$R_A + R_C = 10[\mathrm{t}]$이어야 하며, $\delta_{AB} = \delta_{BC}$이어야 한다.

$$\delta_{AB} = \frac{R_A \cdot L_{AB}}{E \cdot L_{AB}}$$ 이며 $$\delta_{BC} = \frac{R_C \cdot L_{BC}}{E \cdot L_{BC}}$$

따라서,

$$R_A = \frac{L_{BC} A_{AB}}{L_{AB} A_{BC}} R_C = \frac{5 \cdot 10}{10 \cdot 5} \cdot R_C = R_C = 5[\mathrm{t}]$$

BC부재의 응력은 $$\delta_{BC} = \frac{R_C}{A_{BC}} = \frac{5}{5} = 1\,[\mathrm{t/cm^2}]$$

50 ②

$V_A = V_D = 12[\mathrm{t}]$이며, AB부재의 중앙부를 중심으로 모멘트평형원리를 적용하면,

$$\sum M_C = (3 + 5) \cdot 4 - 12 \cdot 8 - U \cdot 4$$
$$= 32 - 96 - 4U = 0$$

$U = -16$(압축)이 산출된다.

제 2 회 정답 및 해설

〉〉 직업기초능력평가

1 ①
① 값이나 비율 따위가 보통보다 위에 있다.
② 지위나 신분 따위가 보통보다 위에 있다.
③ 온도, 습도, 압력 따위가 기준치보다 위에 있다.
④ 소리가 음계에서 위쪽에 있거나 진동수가 큰 상태에 있다.
⑤ 기세 따위가 힘차고 대단한 상태에 있다.

2 ②
'저지르다'의 유의어는 '범하다'이다.
• 저지르다 : 죄를 짓거나 잘못이 생겨나게 행동하다.
• 범하다 : 법률, 도덕, 규칙 따위를 어기다.

3 ④
④ ㉣의 앞 문장은 '동전 던지기 횟수를 늘렸을 때 확률이 어떻게 변하는지 보려면 그저 계속 곱하기만 하면 된다.'고 하였고, ㉣의 뒤 문장은 '결과는 1/64'라고 하였다. 따라서 보기의 '1/2을 여섯 번 곱하면 된다'는 ㉣에 들어가야 자연스럽다.

4 ③
③ 제일 급하고 일이 필요한 사람이 그 일을 서둘러 하게 되어 있다는 말
① 꾸준히 노력하면 어떤 어려운 일이라도 이룰 수 있다는 말
② 원인이 없으면 결과가 있을 수 없음을 비유적으로 이르는 말
④ 작은 나쁜 짓도 자꾸 하게 되면 큰 죄를 저지르게 됨을 비유적으로 이르는 말
⑤ 우연히 운 좋은 기회에, 하려던 일을 해치운다는 말

5 ⑤
⑤ 국내 통화량이 증가하여 유지될 경우 장기에는 자국의 물가도 높아져 장기의 환율은 상승한다.

6 ④
포퍼는 가설로부터 논리적으로 도출된 예측을 관찰이나 실험 등의 경험을 통해 맞는지 틀리는지 판단함으로써 그 가설을 시험하는 과학적 방법을 제시한다. 콰인은 개별적인 가설뿐만 아니라 기존의 지식들과 여러 조건 등을 모두 포함하는 전체 지식이 경험을 통한 시험의 대상이 된다는 총체주의를 주장한다. 따라서 포퍼와 콰인 모두 '경험을 통하지 않고 가설을 시험할 수 있는가?'라는 질문에 '아니요'라고 답변을 할 것이다.
①, ②, ③, ⑤의 질문에 대해서는 포퍼는 긍정의, 콰인은 부정의 답변을 할 것이다.

7 ①
② 반추 동물이 짧은 시간에 과도한 양의 비섬유소를 섭취하면 급성 반추위 산성증을 유발한다.
③ 반추위 미생물은 산소가 없는 환경에서 왕성하게 생장한다.
④ 반추 동물도 셀룰로스와 같은 섬유소를 분해하는 효소를 합성하지 못한다.
⑤ 사람은 효소를 이용하여 비섬유소를 포도당으로 분해하고 이를 소장에서 흡수하여 에너지원으로 이용한다.

8 ③
③ 희토류와 관련된 우리 삶에 대한 긍정적인 전망은 제시하고 있지 않다.
① 이 발표의 목적은 '희토류가 무엇이고 어떻게 쓰이는지 등에 대해 알려 드리고자 함'이다.
② 산업 분야에서 희토류의 역할을 '산업의 비타민'이라고 비유적 표현으로 제시하였다.
④ 청자의 이해를 돕기 위해 영상 및 표를 효과적으로 제시하고 있다.
⑤ 발표 마지막에서 희토류가 실제로 얼마나 다양하게 활용되고 있는지 관심을 갖고 찾아보길 촉구하고 있다.

9 ②

보고서 작성 개요에 따르면 결론 부분에서 '공공 데이터 활용의 장점을 요약적으로 진술'하고 '공공 데이터가 앱 개발에 미칠 영향 언급'하고자 한다. 따라서 ②의 '공공 데이터는 앱 개발에 필요한 실생활 관련 정보를 담고 있으며 앱 개발 비용의 부담을 줄여 준다(→공공 데이터 활용의 장점을 요약적으로 진술). 그러므로 앱 개발 시 공공 데이터 이용이 활성화되면 실생활에 편의를 제공하는 다양한 앱이 개발될 것이다(→공공 데이터가 앱 개발에 미칠 영향 언급).'가 결론으로 가장 적절하다.

10 ②

'신재생 에너지' 분야의 사업 수를 x, '절약' 분야의 사업 수를 y라고 하면

$x + y = 600$ ……⊙

$\dfrac{3,500}{x} \geq 5 \times \dfrac{600}{y}$ →(양 변에 xy 곱함)

→$3,500y \geq 3,000x$ ……ⓛ

⊙, ⓛ을 연립하여 풀면 $y \geq 276.92 \cdots$

따라서 '신재생 에너지' 분야의 사업별 평균 지원액이 '절약' 분야의 사업별 평균 지원액의 5배 이상이 되기 위한 사업 수의 최대 격차는 '신재생 에너지' 분야의 사업 수가 323개, '절약' 분야의 사업 수가 277개일 때로 46개이다.

11 ②

① 역 부문의 경우 2017년은 2015년에 비해(98.69 - 97.27 = 1.42) 1.42 상승하였다.
② 철도서비스 모니터링 결과에서 2017년도 열차 부문(99.51) 2017년도 계열사 부문(98.14)에 비해 높음을 알 수 있다.
③ 2017년의 경우 철도서비스 모니터링 결과에서 보듯이 역(98.69), 열차(99.51), 계열사(98.14)로 2017년에는 열차부문이 가장 높음을 알 수 있다.
④ 2013년~2017년까지 철도서비스 모니터링 3개 부문을 모두 계산하면 다음과 같은 순서로 나타낼 수 있다. 역 부문이(97.19 + 96.06 + 97.27 + 98.22 + 98.69 = 487.43) 가장 높으며, 그 다음으로는 열차(98.36 + 97.33 + 98.83 + 99.15 + 99.51 = 493.18) 부문이 차지하고 있으며, 그 다음으로는 계열사(97.11 + 96.23 + 95.99 + 97.63 + 98.14 = 485.1) 부문의 순이다.

⑤ 2017년은 2015년에 비해(98.83 - 97.32 = 1.51) 상승함을 알 수 있다.

12 ⑤

보완적 평가방식은 각 상표에 있어 어떤 속성의 약점을 다른 속성의 강점에 의해 보완하여 전반적인 평가를 내리는 방식을 의미한다. 보완적 평가방식에서 차지하는 중요도는 60, 40, 20이므로 이러한 가중치를 각 속성별 평가점수에 곱해서 모두 더하면 결과 값이 나오게 된다. 각 대안(열차종류)에 대입해 계산하면 아래와 같은 결과 값을 얻을 수 있다.
• KTX 산천의 가치 값
  = $(0.6 \times 3) + (0.4 \times 9) + (0.2 \times 8) = 7$
• ITX 새마을의 가치 값
  = $(0.6 \times 5) + (0.4 \times 7) + (0.2 \times 4) = 6.6$
• 무궁화호의 가치 값
  = $(0.6 \times 4) + (0.4 \times 2) + (0.2 \times 3) = 3.8$
• ITX 청춘의 가치 값
  = $(0.6 \times 6) + (0.4 \times 4) + (0.2 \times 4) = 6$
• 누리로의 가치 값
  = $(0.6 \times 6) + (0.4 \times 5) + (0.2 \times 4) = 6.4$

조건에서 각 대안에 대한 최종결과 값 수치에 대한 반올림은 없는 것으로 하였으므로 종합 평가점수가 가장 높은 KTX 산천이 김정은과 시진핑의 입장에 있어서 최종 구매대안이 되는 것이다.

13 ①

S→1→F 경로로 갈 경우에는 7명, S→3→2→F 경로로 갈 경우에는 11명이며, S→3→2→4→F 경로로 갈 경우에는 8명이므로, 최대 승객 수는 모두 더한 값인 26명이 된다.

14 ②

② 1994년 대비 1999년에 증가한 여객수송 인원은 96,560명이다. 화물수송의 경우에는 15,785톤 정도 감소되었음을 알 수 있다.

15 ①

- 하루 40feet 컨테이너에 대한 트럭의 적재량
 $= 2 \times 40 = 80$
- 월 평균 트럭 소요대수
 $= 1,600 \times 20 \div 2,000 = 16$
- 월 평균 40feet 컨테이너 트럭의 적재량
 $= 25 \times 80 = 2,000$

∴ 1일 평균 필요 외주 대수는 $16 - 11 = 5$대이다.

16 ③

A, B, C의 장소를 각각 1대의 차량으로 방문할 시의 수송거리는 $(10 + 13 + 12) \times 2 = 70km$, 하나의 차량으로 3곳 수요지를 방문하고 차고지로 되돌아오는 경우의 수송거리 $10 + 5 + 7 + 12 = 34km$, 그러므로 $70 - 34 = 36km$가 된다.

17 ④

ⓒ 2014년은 전체 임직원 중 20대 이하 임직원이 차지하는 비중이 50% 이하이다.

18 ④

네 번째 조건에서 수요일에 9대가 생산되었으므로 목요일에 생산된 공작기계는 8대가 된다.

월요일	화요일	수요일	목요일	금요일	토요일
		9대	8대		

첫 번째 조건에 따라 금요일에 생산된 공작기계 수는 화요일에 생산된 공작기계 수의 2배가 되는데, 두 번째 조건에서 요일별로 생산한 공작기계의 대수가 모두 달랐다고 하였으므로 금요일에 생산된 공작기계의 수는 6대, 4대, 2대의 세 가지 중 하나가 될 수 있다. 그런데 금요일의 생산 대수가 6대일 경우, 세 번째 조건에 따라 목~토요일의 합계 수량이 15대가 되어야 하므로 토요일은 1대를 생산한 것이 된다. 그러나 토요일에 1대를 생산하였다면 다섯 번째 조건인 월요일과 토요일에 생산된 공작기계의 합이 10대를 넘지 않는다. (∵ 하루 최대 생산 대수는 9대이고 요일별로 생산한 공작기계의 대수가 모두 다른 상황에서 수요일에 이미 9대를 생산하였으므로)

금요일에 4대를 생산하였을 경우에도 토요일의 생산 대수가 3대가 되므로 다섯 번째 조건에 따라 월요일은 7대보다 많은 수량을 생산한 것이 되어야 하므로

이 역시 성립할 수 없다.

즉, 세 가지 경우 중 금요일에 2대를 생산한 경우만 성립하며 화요일에는 1대, 토요일에는 5대를 생산한 것이 된다.

월요일	화요일	수요일	목요일	금요일	토요일
	1대	9대	8대	2대	5대

따라서 월요일에 생산 가능한 공작기계 대수는 6대 또는 7대가 되므로 둘의 합은 13이다.

19 ③

위 글에 나타난 문제점은 전원이 갑자기 꺼지는 현상이다. 따라서 ③ 취침 예약이 되어있는지 확인하는 것이 적절하다.

20 ①

①은 위 매뉴얼에 나타나있지 않다.

21 ④

단식을 하는 날 전후로 각각 최소 2일간은 정상적으로 세 끼 식사를 하므로 2주차 월요일에 단식을 하면 전 주 토요일과 일요일은 반드시 정상적으로 세 끼 식사를 해야 한다. 이를 바탕으로 조건에 따라 김 과장의 첫 주 월요일부터 일요일까지의 식사를 정리하면 다음과 같다.

월	화	수	목	금	토	일
○		○	○	○	○	○
○		○	○		○	○
○	○	○	○		○	○

22 ⑤

7월 23일(일)에 포항에서 출발하여 울릉도에 도착한 김 대리는 24일(월) 오후 6시에 호박엿 만들기 체험을 하고, 25일(화) 오전 8시에 울릉도→독도→울릉도 선박에 탑승할 수 있으며 26일(수) 오후 3시에 울릉도에서 포항으로 돌아올 수 있다.

① 16일(일)에 출발하여 19일(수)에 돌아왔다면 매주 화요일과 목요일에 출발하는 울릉도→독도→울릉도 선박에 탑승할 수 없다(18일 화요일 최대 파고 3.2).

② 매주 금요일에 술을 마시는 김 대리는 술을 마신 다음날인 22일(토)에는 멀미가 심해서 돌아오는 선박을 탈 수 없다.

③ 20일(목)에 포항에서 울릉도로 출발하면 오후 1시에 도착하는데, 그러면 오전 8시에 출발하는 울릉도→독도→울릉도 선박에 탑승할 수 없다.

④ 21일(금)과 24(월)은 모두 파고가 3m 이상인 날로 모든 노선의 선박이 운항되지 않는다.

23 ③

평가 기준에 따라 점수를 매기면 다음과 같다.

평가항목 음식점	음식 종류	이동 거리	가격 (1인 기준)	맛 평점 (★ 5개 만점)	방 예약 가능 여부	총점
자금성	2	4	5	1	1	13
샹젤리제	3	3	4	2	1	13
경복궁	4	5	1	4	1	15
도쿄타워	5	1	3	5	–	14
에밀리아	3	2	2	3	1	11

따라서 A그룹의 신년회 장소는 경복궁이다.

24 ④

한주가 수도인 나라는 평주가 수도인 나라의 바로 전 시기에 있었고, 금주가 수도인 나라는 관주가 수도인 나라 바로 다음 시기에 있었으나 정보다는 이전 시기에 있었으므로 수도는 관주 > 금주 > 한주 > 평주 순임을 알 수 있다. 병은 가장 먼저 있었던 나라는 아니지만, 갑보다 이전 시기에 있었으므로 두 번째나 세 번째가 되는데, 병과 정이 시대 순으로 볼 때 연이어 존재하지 않았으므로 을 > 병 > 갑 > 정이 되어야 한다. 따라서 나라와 수도를 연결해 보면, 을 – 관주, 병 – 금주, 갑 – 한주, 정 – 평주가 되며 [이야기 내용]과 일치하는 것은 3, 5, 6이다.

25 ①

$EOQ = \sqrt{\dfrac{2C_o D}{C_h}}$ 를 적용하면,

$\Rightarrow EOQ = \sqrt{\dfrac{2(20,000)(5,000)}{200}}$ 이 되며, 루트를 벗기면 경제적 주문량은 1,000이 된다.

》 직무수행능력평가(토목일반)

26 ②

정오차(누적오차)는 관측횟수에 비례하며 우연오차는 관측횟수의 제곱근에 비례하므로,

$$L_o = L + \frac{100}{20} \cdot 0.005 \pm \sqrt{\frac{100}{20} \cdot 0.005}$$
$$= 100.025 \pm 0.011 \,[\text{m}]$$

27 ①

$\dfrac{d-D}{D} = \dfrac{1}{12}\left(\dfrac{D}{R}\right)^2$ 이므로, $D^2 = 12R^2 \cdot \dfrac{d-D}{D}$

$$D = \sqrt{12 \cdot 6.370^2 \cdot \frac{1}{10^5}} \fallingdotseq 69.78\,[\text{km}]$$

반경 $R = \dfrac{D}{2} \fallingdotseq 35\,[\text{km}]$

28 ②

지성선은 지모의 골격이 되는 선을 의미한다.

29 ④

$A = a^2$에서 $\dfrac{dA}{A} = 2\dfrac{da}{a}$, 한 변의 길이

$a = \sqrt{100} = 10$

$da = a\dfrac{dA}{2A} = 10 \cdot \dfrac{0.2}{2 \cdot 100} = 0.01\,[\text{m}] = 10\,[\text{mm}]$

30 ③

$R = \dfrac{A^2}{L} = 450 = \dfrac{300^2}{L}$ 이므로 $L = 200\,[\text{m}]$

31 ②

점토지반의 강성기초는 기초 중앙부분에서 최소응력이 발생한다.

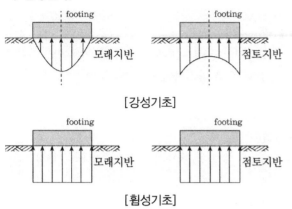

[강성기초]

[휨성기초]

32 ④

피조콘 시험은 일종의 원추관입시험(로드에 붙인 원뿔을 흙 속에 동적으로 관입, 혹은 정적으로 압입하여 흙의 강도나 변형 특성을 구하는 시험)으로서 사질토와 점성토에 모두 적용할 수 있으며 지층의 관입저항을 연속적으로 측정할 수 있는 장점이 있다. 그러나 샘플러가 없으므로 시료의 채취가 불가능하다.

33 ④

연약한 점토에 있어서는 상대변위의 속도가 느릴수록 부마찰력은 작아진다.

34 ③

회전식 보링 … 동력에 의하여 내관인 로드 선단에 설치한 드릴 피트를 회전시켜 땅에 구멍을 뚫으며 내려간다. 지층의 변화를 연속적으로 비교적 정확히 알 수 있는 방식이다. [로터리보링 = 코어보링, 논코어보링(코어 채취를 하지 않고 연속적으로 굴진하는 보링), 와이어라인공법(파들어 가면서 로드 속을 통해 코어를 당겨 올리는 공법)]

※ **보링(Boring)** … 지반을 천공하고 토질의 시료를 채취하여 지층상황을 판단하는 방법

    ㉠ **보링의 목적** : 흙(토질)의 주상도 작성, 토질조사(토질시험), 시료채취, 지하수위측정, 공내의 원위치시험, 지내력측정

    ㉡ **보오링의 종류**

      • 오거 보링 : 오거의 회전으로 시료를 채취하며 얕은 점토질 지반에 적용하는 방식이다.

      • 수세식 보링 : 물로 흙을 씻어내어 땅에 구멍을 뚫는 방법. 연약한 토사에 수압을 이용하여 탐사하는 방식이다.

      • 충격식 보링 : 각종 형태의 무거운 긴 철주를 와이어 로프로 매달아 떨어뜨려서 땅에 구멍을 내는 방벙. 경질층의 깊은 굴삭에 사용되며 와이어로프 끝에 Bit를 달고 낙하충격으로 토사, 암석을 파쇄 후 천공하는 방식이다.

      • 회전식 보링 : 동력에 의하여 내관인 로드 선단에 설치한 드릴 피트를 회전시켜 땅에 구멍을 뚫으며 내려간다. 지층의 변화를 연속적으로 비교적 정확히 알 수 있는 방식이다. [로터리보링 = 코어보링, 논코어보링(코어 채취를 하지 않고 연속적으로 굴진하는 보링), 와이어라인공법(파들어 가면서 로드 속을 통해 코어를 당겨 올리는 공법)]

35 ③

흙 입자와 물의 압축성은 무시한다.

※ **Terzaghi의 1차 압밀에 대한 가정**

    ㉠ 흙은 균질하다.

    ㉡ 지반은 완전 포화상태이다.

    ㉢ 흙입자와 물의 압축성은 무시한다.

    ㉣ 흙 속의 물의 흐름은 1-D이고 Darcy 법칙이 적용된다.

    ㉤ 투수계수와 흙의 성질은 압밀압력의 크기와 관계없이 일정하다.

    ㉥ 압밀시 압력-간극비 관계는 이상적으로 직선적 변화를 한다.

36 ①

흐르지 않는 물에 잠긴 평판에 작용하는 전수압은 평판도심의 수압에 평판면적을 곱하여 산정한다.

37 ③

통수능은 토양이 물을 얼마나 잘 통과시키는 지를 나타내는 수치이다. 이는 증발 자체에 직접적인 영향을 미치지 않는다.

38 ①

$\dfrac{dx}{u} = \dfrac{dy}{v} = \dfrac{dz}{w}$ 이므로 $\dfrac{dx}{-ky} = \dfrac{dy}{kx}$ 이다.

따라서 $kxdx + kydy = 0$, $xdx + ydy = 0$

$x^2 + y^2 = c$ 이므로 원이다.

39 ③

③ $H = B/2$ 이고, $R_h = B/2$ 인 직사각형 단면은 수리학적으로 유리한 단면으로 보기 어렵다. 직사각형 단면의 경우 수리상 유리한 단면은 $H = B/2$ 이고, $R_h = H/2$ 인 단면이다.

40 ①

이중누가우량분석 … 우량계의 위치, 노출상태, 사용된 우량계의 종류, 우량계의 교체 및 관측방법과 주위환경 변화에 의한 기록치를 교정하는 방법이다. (수십 년에 걸친 장기간 동안의 강수자료는 일관성에 대한 검사가 요구된다.)

② 이중누가해석은 강수의 지속기간을 알기 위한 방법이 아니다.

③ 이중누가해석은 평균 강수량을 계산하기 위한 방법이 아니다.

④ 이중누가해석은 결측 자료를 보완하기 위한 방법이 아니다. [결측(손실)자료 : 어떤 지리사상이나 레코드에 해당하는 데이터가 존재하지 않거나 레코드에 대해 자료가 없는 요소]

41 ①

부벽식 옹벽의 전면벽은 3변 지지된 2방향 슬래브로 설계한다.

42 ①

T형보(대칭 T형보)에서 플랜지의 유효폭

$16t_f + b_w = 16 \times 100 + 400 = 2,000 [\mathrm{mm}]$

양쪽슬래브의 중심간 거리 : $2,100 [\mathrm{mm}]$

보 경간의 $1/4$: $10,000 \times 1/4 = 2,500 [\mathrm{mm}]$

위의 값 중 최솟값을 적용해야 한다.

43 ②

사인장철근은 주로 전단응력을 부담한다.

44 ②

PS강재의 응력은 항복응력 도달 이후에도 파괴시까지 점진적으로 증가하기 때문이다.

45 ④

에폭시 도막철근이 상부철근인 경우 상부철근의 위치계수(α)와 철근의 도막계수(β)의 곱, $\alpha\beta$가 1.7보다 크지 않아야 한다.

46 ④

$P_{cr} = \dfrac{\pi^2 EI}{(kl)^2} = \dfrac{C}{(kl)^2} \ (C = \pi^2 EI)$

$P_{cr1} : P_{cr2} : P_{cr3} : P_{cr4}$

$= \dfrac{C}{(0.5 \times 2L)^2} : \dfrac{C}{(1 \times L)^2} : \dfrac{C}{(2 \times 0.5L)^2} : \dfrac{C}{(0.7 \times 1.2L)^2}$

$= 1.0 : 1.0 : 1.0 : 1.4$

47 ③

부재를 보고 직관적으로 답을 고를 수 있는 문제이다. 부재의 좌측을 살펴보면 8t의 하중이 작용하고 있으나 A점에 대해 1m의 거리에 불과하며 A지점에 시계방향의 모멘트가 작용하므로 A지점의 우측부는 8t·m보다 작은 크기의 모멘트가 발생할 수밖에 없다. 한편 B지점 우측에서 10t·m의 휨모멘트가 발생하므로 B지점에서 최대휨모멘트가 발생하게 된다.

48 ④

좌굴하중의 기본식(오일러의 장주공식)

$$P_{cr} = \frac{\pi^2 EI}{(KL)^2} = \frac{n\pi^2 EI}{L^2}$$

EI : 기둥의 휨강성

L : 기둥의 길이

K : 기둥의 유효길이 계수

KL : (l_k로도 표시함) 기둥의 유효좌굴길이 (장주의
　　처짐곡선에서 변곡점과 변곡점 사이의 거리)

n : 좌굴계수(강도계수, 구속계수)

	양단 힌지	1단 고정 1단 힌지	양단 고정	1단 고정 1단 자유
지지상태				
좌굴길이 KL	1.0L	0.7L	0.5L	2.0L
좌굴강도	n=1	n=2	n=4	n=0.25

49 ②

외력과 변형이 선형관계에 있을 때 겹침의 원리가 성
립할 수 있다.

50 ④

부재 AF, CD를 제외한 나머지 모든 부재가 0부재가
된다.

제 3 회 정답 및 해설

>> 직업기초능력평가

1 ⑤

밑줄 친 '늘리고'는 '시간이나 기간이 길어지다.'의 뜻으로 쓰였다. 따라서 이와 의미가 동일하게 쓰인 것은 ⑤이다.
① 물체의 넓이, 부피 따위를 본디보다 커지게 하다.
② 살림이 넉넉해지다.
③ 힘이나 기운, 세력 따위가 이전보다 큰 상태가 되다.
④ 재주나 능력 따위가 나아지다.

2 ②

② (나)에 따르면 조사 대상의 84%가 작업 중 스마트폰 사용이 위험하다는 사실을 알고 있다. 따라서 작업 중 스마트폰 사용이 위험하다는 사실을 알지 못하는 것이 산업현장 사고 발생 원인의 하나임을 제시하는 것은 적절하지 않다.

3 ⑤

회신(回信)은 편지, 전신, 전화 따위로 회답을 한다는 의미의 단어로써 괄호 위의 문장에서 전북 불교연합대책위 등 지역불교 단체들은 "코레일 전북본부의 명확한 답변을 받아냈다"는 부분에서 문서(편지)·전화·전신 등의 수단을 통해 답변을 얻었다는 것을 알 수 있으므로 회신(回信)이라는 단어를 유추해 낼 수 있다.

4 ③

제2조 제1항 1호에 의하면 종이승차권은 운행정보 등 운송에 필요한 사항을 KTX 리무진 승차권용 전용 용지에 인쇄한 승차권을 말한다.

5 ③

③ 두 번째 문단에서 한국은행이 발표한 최근 자료를 활용하여 자신의 논거의 근거로 삼고 있다.

6 ⑤

⑤ 현재 소비를 포기한 대가로 받는 이자를 더 중요하게 생각한다면, 저축 이자율이 떨어지고 물가 상승률이 증가하는 상황에서 저축을 해야 한다고 조언하지 않을 것이다.

7 ③

약관 13조 3항에서 보면 "13세 미만의 어린이(초등학생)는 할인할 수 있다."고 명시되어 있다. 다시 말해 1세~12세까지만 할인율이 해당된다고 할 수 있다. 하지만 ③의 클로제 조카는 13세라고 되어 있으므로 클로제가 운송약관의 내용을 잘못 이해하고 있다.

8 ④

"소득이 늘면서 유행에 목을 매다보니 남보다 한 발짝이라도 빨리 가고 싶은 욕망이 생기고 그것이 유행의 주기를 앞당기는 것이다."에서 보듯이 유행과 소비자들이 복잡한 욕구가 서로 얽혀 유행 풍조를 앞당기고 있다고 할 수 있다.

9 ⑤

⑤ 제48조 5호에 건널목을 제외한 모든 선로에 철도운영자의 승낙 없이 출입하는 것은 금지되어 있다.
① 의도와 상관없이 '여객열차 밖에 있는 사람을 위험하게 할 우려가 있는' 경우에는 금지된 행위이다.
② 두 가지 행위 모두 철도안전법에서 금지 행위로 규정하고 있다.
③ 여객출입 금지 장소가 기관실로 한정되어 있지 않으므로 규정된 다른 지역까지 출입 금지되어 있다고 볼 수 있다.
④ 제47조 6호에 음주 행위 또한 금지인 것으로 명시되어 있다.

10 ②

② 일반버스와 굴절버스 간의 운송항목 비용 중 비용 차이가 가장 큰 항목은 차량 감가상각비이다.

11 ④

④ 2000년에 비해 2010년에 대리의 수가 늘어난 출신 지역은 서울·경기, 강원, 충남 3곳이고, 대리의 수가 줄어든 출신 지역은 충북, 경남, 전북, 전남 4곳이다.

12 ①

ⓒ 자료에서는 서울과 인천의 가구 수를 알 수 없다.
ⓔ 남부가 북부보다 지역난방을 사용하는 비율이 높다.

13 ③

① 2012년과 2013년의 흡연율은 전년에 비해 감소하였다.
② 2007년, 2010년, 2011년만 7배 이상이다.
④ ㉠에 들어갈 수치는 56.3이다.
⑤ 매년 단기 금연계획률은 장기 금연계획률보다 적다.

14 ④

④ 2002년 전년대비 늘어난 연도말 부채잔액은 14,398 − 12,430 = 1,968이고, 전년대비 줄어든 연간 차입액은 4,290 − 3,847 = 443으로 5배를 넘지 않는다.

15 ④

BBB등급 기준보증료율인 1.4%에서 지방기술사업과 벤처기업 중 감면율이 큰 자방기술사업을 적용하면 ㈜서원의 보증료율은 1.1%이다. 보증료의 계산은 보증금액 × 보증료율 × 보증기간/365이므로 ㈜서원의 보증료는 5억 원 × 1.1% × 365/365 = 5,500천 원이다.

16 ①

갑, 을, 병 3개 회사가 보증금액(신규)과 보증기간이 동일하므로 보증료율이 높은 순서대로 정렬하면 된다.
• 갑 보증료율 : 1.4%(BBB등급) − 0.3%p(감면율이 큰 국가유공자기업 적용) + 0.3%p(고액보증기업 나 + 장기이용기업 가) = 1.4%

• 을 보증료율 : 1.5%(B등급) − 0.2%(벤처·이노비즈기업 중복적용 안 됨) + 0.0%p(장기이용기업 다에 해당하지만 경영개선지원기업으로 가산요율 적용 안 함) = 1.3%
• 병 보증료율 : 1.5%(B등급) − 0.3%p(감면율이 큰 장애인기업 적용) + 0.0%p(가산사유 해당 없음) = 1.2%
따라서 보증료율이 높은 순서인 갑 − 을 − 병 순으로 보증료가 높다.

17 ④

최종 선발 인원이 500명인데 사회적 약자 집단이 3% 포함되어 있으므로 500 × 0.03 = 15명이 별도로 뽑힌 사회적 약자 집단이 된다. 따라서 485명이 4차 최종면접을 통과한 인원이 된다.

4차 면접 통과 인원이 485명이 되기 위해서는 3차 인적성 테스트에서 485 × 1.5 = 728명이 뽑힌 것이 되며, 2차 필기시험에서는 728 × 3 = 2,184명이, 1차 서류전형에서는 2,184 × 3 = 6,552명이 선발되었음을 알 수 있다. 1차 서류전형 통과 인원인 6,552명은 총 응시자의 45%에 해당하는 수치이므로, 총 응시자 수는 6,552 ÷ 0.45 = 14,560명이 된다.

18 ①

제시된 네 개의 명제의 대우명제를 정리하면 다음과 같다.
㉠→乙 지역이 1급 상수원이면 甲 지역은 1급 상수원이 아니다.
㉡→乙 지역이 1급 상수원이 아니면 丙 지역도 1급 상수원이 아니다.
㉢→甲 지역이 1급 상수원이 아니면 丁 지역도 1급 상수원이 아니다.
㉣→戊 지역이 1급 상수원이면 丙 지역은 1급 상수원이다.
戊 지역이 1급 상수원임을 기준으로 원래의 명제와 대우명제를 함께 정리하면 '戊 지역→丙 지역→乙 지역→~甲 지역→~丁 지역'의 관계가 성립하게 되고, 이것의 대우인 '丁 지역→甲 지역→~乙 지역→~丙 지역→~戊 지역'도 성립한다. 따라서 甲 지역이 1급 상수원이면 丙 지역은 1급 상수원이 아니므로 ①은 거짓이다.

19 ④

이런 유형은 문제에서 제시한 상황, 즉 1명이 당직을 서는 상황을 각각 설정하여 1명만 진실이 되고 3명은 거짓말이 되는 경우를 확인하는 방식의 풀이가 유용하다. 각각의 경우, 다음과 같은 논리가 성립한다.

고 대리가 당직을 선다면, 진실을 말한 사람은 윤 대리와 염 사원이 된다.

윤 대리가 당직을 선다면, 진실을 말한 사람은 고 대리, 염 사원, 서 사원이 된다.

염 사원이 당직을 선다면, 진실을 말한 사람은 윤 대리가 된다.

서 사원이 당직을 선다면, 진실을 말한 사람은 윤 대리와 염 사원이 된다.

따라서 진실을 말한 사람이 1명이 되는 경우는 염 사원이 당직을 서고 윤 대리가 진실을 말하는 경우가 된다.

20 ③

〈보기〉에 주어진 조건대로 고정된 순서를 정리하면 다음과 같다.

- B 차장 > A 부장
- C 과장 > D 대리
- E 대리 > ? > ? > C 과장

따라서 E 대리 > ? > ? > C 과장 > D 대리의 순서가 성립되며, 이 상태에서 경우의 수를 따져보면 다음과 같다.

㉠ B 차장이 첫 번째인 경우라면, 세 번째와 네 번째는 A 부장과 F 사원(또는 F 사원과 A 부장)이 된다.
  - B 차장 > E 대리 > A 부장 > F 사원 > C 과장 > D 대리
  - B 차장 > E 대리 > F 사원 > A 부장 > C 과장 > D 대리

㉡ B 차장이 세 번째인 경우는 E 대리의 바로 다음인 경우와 C 과장의 바로 앞인 두 가지의 경우가 있을 수 있다.
  - E 대리의 바로 다음인 경우 : F 사원 > E 대리 > B 차장 > A 부장 > C 과장 > D 대리
  - C 과장의 바로 앞인 경우 : E 대리 > F 사원 > B 차장 > C 과장 > D 대리 > A 부장

따라서 위에서 정리된 바와 같이 가능한 네 가지의 경우에서 두 번째로 사회봉사활동을 갈 수 있는 사람은 E 대리와 F 사원 밖에 없다.

21 ④

결과를 유심히 보면 덕현이가 가장 많이 낸 바위 9번이 힌트가 됨을 알 수 있다. 무승부가 없으므로 덕현이가 바위를 9번 내는 동안 희선이는 가위 5번과 보 4번을 낸 것이 된다. 이 경우 희선이가 가위를 낸 5번은 덕현이가 승리하고, 희선이가 보를 낸 4번은 희선이가 승리한다.

희선이가 바위를 6번 낼 때 덕현이는 가위 2번과 보 4번을 낸 것이 되는데, 이 경우 덕현이가 가위를 낸 2번은 희선이가 승리하고 덕현이가 보를 낸 4번은 덕현이가 승리하게 된다.

구분	1	2	3	4	5	6	7	8	9	10	11	12	13	14	15
덕현	✊	✊	✊	✊	✊	✊	✊	✊	✊	✌	✌	🖐	🖐	🖐	🖐
희선	✌	✌	✌	✌	✌	🖐	🖐	🖐	🖐	✊	✊	✊	✊	✊	✊

따라서 총 15번 중 덕현이가 승리한 게임은 5 + 4 = 9번이고, 희선이가 승리한 게임은 4 + 2 = 6번이다. 즉, 덕현의 9승 6패 또는 희선의 6승 9패가 됨을 알 수 있다.

22 ③

구분	1	2	3	4	5	6	7	8	9	10	11	12	13	14	15
덕현	✊	✊	✊	✊	✊	✊	✊	✊	✊	✌	✌	🖐	🖐	🖐	🖐
희선	✌	✌	✌	✌	✌	🖐	🖐	🖐	🖐	✊	✊	✊	✊	✊	✊

③ 희선이가 가위를 낸 5번은 모두 패하였으므로 이 중 2번이 보로 바뀔 경우 희선이의 승수가 2번 추가되어 8승 7패로 덕현을 누르고 최종 승자가 된다.

① 덕현의 바위가 보로 바뀌면 1승→1패(1~5번 게임) 또는 1패→무승부(6~7번 게임)로 바뀌는 두 가지 경우가 생긴다. 희선의 보가 바위로 바뀌면 1승→무승부(6~9번 게임)가 된다. 따라서 1패→무승부, 1승→무승부의 조합이 되는 경우 덕현은 9승 6패에서 8승 2무 5패가, 희선은 6승 9패에서 5승 2무 8패가 되어 최종 승자와 패자가 뒤바뀌지 않는다.

② 덕현의 바위가 가위로 바뀌면 1승→무승부(1~5번 게임) 또는 1패→1승(6~7번 게임)으로 바뀌는 두 가지 경우가 생긴다. 희선의 바위가 가위로 바뀌면 1승→무승부(10~11번 게임) 또는 1패→1승(12~15번 게임)으로 바뀌는 두 가지 경우가 생긴다. 희선이에게 가장 유리한 결과로 덕현은 1승→무승부, 희선은 1패→1승의 조합이 되더라도 둘 다 7승 1무 7패로 최종 승자와 패자가 뒤바뀌지는 않는다.

④ 희선이 바위를 내서 패한 게임(12~15번 게임)에서
가위로 2번 바뀔 경우 2승이 추가되어 최종 승자
가 되지만 희선이 바위를 내서 승리한 게임(10~11
번 게임)에서 가위로 2번 바뀔 경우 2무승부가 되
어 최종 승자와 패자는 뒤바뀌지 않는다.

⑤ 덕현의 가위 2번이 보로 바뀔 경우 덕현이의 2승이
추가되어 최종 승자와 패자가 뒤바뀌지는 않는다.

23 ⑤

甲 국장은 전체적인 근로자의 주당 근로시간 자료 중
정규직과 비정규직의 근로시간이 사업장 규모에 따라
어떻게 다른지를 비교하고자 하는 것을 알 수 있다.
따라서 국가별, 연도별 구분 자료보다는 ⑤와 같은 자
료가 요청에 부합하는 적절한 자료가 된다.

24 ②

제11조 제2항에 따르면 사용자가 제1항 단서의 사유가
없거나 소멸되었음에도 불구하고 2년을 초과하여 기
간제 근로자로 사용하는 경우에는 그 기간제 근로자
는 기간의 정함이 없는 근로계약을 체결한 근로자로
본다. 따라서 ②의 경우 기간제 근로자로 볼 수 없다.

① 2년을 초과하지 않는 범위이므로 기간제 근로자로
볼 수 있다.

③ 제11조 제1항 제3호에 따른 기간제 근로자로 볼 수
있다.

④ 제11조 제1항 제1호에 따른 기간제 근로자로 볼 수
있다.

⑤ 제11조 제1항 제2호에 따른 기간제 근로자로 볼 수
있다.

25 ④

④ 수소를 제조하는 시술에는 화석연료를 열분해·가
스화 하는 방법과 원자력에너지를 이용하여 물을 열
화학분해하는 방법, 재생에너지를 이용하여 물을 전기
분해하는 방법, 그리고 유기성 폐기물에서 얻는 방법
등 네 가지 방법이 있다.

직무수행능력평가(토목일반)

26 ③

구차 $h = \dfrac{D^2}{2R}$ 에서

$D^2 = 2Rh = 2 \cdot 6370 \cdot (0.350 + 0.0018)$

따라서, $D = 66.947 [\text{km}]$

27 ③

캔트

$C = \dfrac{bV^2}{gR} = \dfrac{1073 \cdot 70^2}{9.8 \cdot 3.6^2 \cdot 700} = 59.138 [\text{mm}]$

28 ④

전시와 후시를 같게 한다고 해도 표척의 조정 불완전
으로 인하여 발생하는 오차는 소거할 수 없다.

29 ②

경중률은 미지의 관측에서 각 관측값의 정밀도가 동
일하지 않을 경우에 어떤 계수를 곱하여 각 관측값
간의 균형을 이루게 한 후 최확값을 구할 때 사용하
는 계수로서 개별관측값들의 신뢰도를 나타낸다.

30 ③

두 점 사이의 실제거리는 $6.73 \times 25,000 = 168,250$
[cm]

$\dfrac{1}{m} = \dfrac{\text{도상거리}}{\text{실제거리}} = \dfrac{11.21}{168,250} ≒ \dfrac{1}{15,000}$

31 ②

한계심도(피압대수층)

$\gamma_{sat} \cdot H + \gamma_w \cdot h = \gamma_w \cdot h_w$

$1.8 \times 3 + 1 \times h = 1 \times 7$ 이므로 $h = 7 - 5.4 = 1.6 [\text{m}]$

32 ①

토립자의 비중은 투수계수와는 무관하다.

33 ③

Engineering-News 공식(단동식 증기해머)

허용지지력

$$R_a = \frac{R_u}{F} = \frac{W_H \cdot H}{6(S+0.25)} = \frac{2.5 \cdot 300}{6(1+0.25)} = 100[t]$$

(Engineering-News 공식의 안전율 6)

34 ③

이론상 모래의 내부마찰각은 0보다 큰 값을 가지게 되며, 점성토의 내부마찰각은 0으로 본다.

35 ①

표준관입시험은 동적인 사운딩이다.

36 ③

직사각형 위어의 유량 오차

$$\frac{dQ}{Q} = \frac{3}{2} \cdot \frac{dh}{h} = \frac{3}{2} \cdot 2 = 3[\%]$$

37 ④

① 수심은 깊으나 유속이 느린 흐름을 상류라고 한다.

② 물의 분자가 흩어지지 않고 질서정연하게 흐르는 흐름을 정류라고 한다.

③ 모든 단면에 있어 유적과 유속이 시간에 따라 변하는 것을 난류라고 한다.

38 ①

$$E_p = \frac{1,000}{102} Q(H + \sum h_L)/\eta$$

$$= \frac{1,000}{102} \cdot 0.3 \cdot (45 + 18.6)/1 = 187[kW]$$

39 ①

정상류란 흐름특성이 시간에 따라 변하지 않는 흐름이다.

40 ②

강우강도 공식은 지역특성에 따라 다르게 적용을 해야 한다.

41 ③

부분 프리스트레싱은 부재단면의 일부에 인장응력이 발생하며 완전 프리스트레싱은 부재단면에 인장응력이 발생하지 않는다.

42 ②

철근 콘크리트보에 스터럽을 배근하는 가장 중요한 이유는 보에 작용하는 사인장 응력에 의한 균열을 제어하기 위해서이다.

43 ③

f_{sp}값이 규정되어 있지 않은 경우 모래경량콘크리트 계수는 1.0이다.

44 ④

A급이음 … 배치된 철근량이 이음부 전체 구간에서 해석결과 요구되는 소요철근량의 2배 이상이고 소요겹침이음길이 내 겹침이음된 철근량이 전체 철근량의 1/2 이상인 경우

45 ②

$$\beta_1 = 0.85 - (29 - 28) \cdot 0.007 = 0.843$$

$$\rho_b = \frac{0.85 f_{ck} \beta_1}{f_y} \cdot \frac{600}{600 + f_y}$$

$$= \frac{0.85 \cdot 29 \cdot 0.843}{300} \cdot \frac{600}{600 + 300} = 0.046$$

46 ③

단면상승모멘트의 값은 음의 값도 가질 수 있다.

47 ③

$$e \le \frac{h}{6} = \frac{54}{6} = 9[cm]$$

48 ②

최대전단응력은 $\dfrac{3}{2}\dfrac{V}{A}$ 이 된다.

49 ③

B점에 발생하는 휨모멘트는 $\dfrac{L}{2}\cdot w\cdot\dfrac{L}{4}=\dfrac{wL^2}{8}$

A점에는 B점에서 발생하는 모멘트의 절반이 전달되므로 A점의 휨모멘트는 $\dfrac{wL^2}{16}$

A점과 B점의 휨모멘트의 합을 길이 L로 나눈값이 A점의 수직반력이 되므로,

$$\dfrac{\dfrac{wL^2}{8}+\dfrac{wL^2}{16}}{L}=\dfrac{3wL^2}{16}(\downarrow)$$

50 ③

최소일의 원리 $\left(\dfrac{\partial W_i}{\partial R_i}\right)=\delta=0$에 대한 설명이다.

제4회 정답 및 해설

>> 직업기초능력평가

1 ①

말다…'말고' 꼴로 명사의 단독형과 함께 쓰여 '아니고'의 뜻을 나타낸다.
② 밥이나 국수 따위를 물이나 국물에 넣어서 풀다.
③ 종이나 김 따위의 얇고 넓적한 물건에 내용물을 넣고 돌돌 감아 싸다.
④⑤ 어떤 일이나 행동을 하지 않거나 그만두다.

2 ②

㈎ 이러한 경우, 평가대상 기관 항목 아래 '개별기관별 별도 통보함'이라는 문구를 삽입해 주는 것이 바람직하다.
㈏ 연월일의 표시에서는 모든 아라비아 숫자 뒤에 마침표를 쓰는 것이 문서작성 원칙이다.
㈐ 공고문이나 안내문 등에서는 연락처를 기재하는 것이 원칙이다.
㈑ 1번과 2번 항목이 5번 항목의 뒤로 오는 것이 일반적인 순서에 맞고, 읽는 사람이 알고자 하는 사항을 적절한 순서로 작성한 것으로 볼 수 있다.

3 ①

① 전반적으로 수온의 상승이 전망되지만 겨울철 이상 기후로 인한 저수온 현상으로 대표적 한대성 어종인 대구가 남하하게 되어, 동해, 경남 진해에서 잡히던 대구가 인천이 아닌 전남 고흥, 여수 등지에서 잡힐 것으로 전망하고 있다.
② 생활환경에 물관리, 건강 부문을 통해 유추할 수 있다.
③ 노후화로 인해 방조제, 항구 등이 범람에 취약해지고, 가뭄과 홍수가 보다 빈번해질 것으로 볼 수 있다.
④ 참치 등 난대성 어종 양식 기회가 제공되어 시중의 참치 가격이 인하된다고 볼 수 있으며, 수온 상승은 하천에 저산소·무산소 현상을 유발할 수 있다.

⑤ 아열대성 기후로 인한 질병이 증가하나, 이로 인한 말라리아, 뎅기열 등의 예방 접종률이 높아지고 경각심이 고취될 것으로 보는 것이 타당하다.

4 ②

산재보험의 소멸은 명확한 서류나 행정상의 절차를 완료한 시점이 아닌 사업이 사실상 폐지 또는 종료된 시점에 이루어진 것으로 판단하며, 법인의 해산 등기 완료, 폐업신고 또는 보험관계소멸신고 등과는 관계없다.
① 마지막 부분에 고용보험 해지에 대한 특이사항이 기재되어 있다.
③ '직권소멸'은 적절한 판단에 의해 근로복지공단이 취할 수 있는 소멸 형태이다.

5 ④

甲은 정치적 안정 여부에 대하여 '정당체제가 어떤 권력 구조와 결합하는가에 따라 결정된다. 의원내각제는 양당제와 다당제 모두와 조화되어 정치적 안정을 도모할 수 있는 반면 혼합형과 대통령제의 경우 정당체제가 양당제일 경우에만 정치적으로 안정되는 현상을 보인다.'고 주장하였으므로, 甲의 견해에 근거할 때 정치적으로 가장 불안정할 것으로 예상되는 정치체제는 대통령제이면서 정당체제가 양당제가 아닌 경우이다. 따라서 권력구조는 대통령제를 선택하고 의원들은 비례대표제 방식을 통해 선출하는(→대정당과 더불어 군소정당이 존립하는 다당제 형태) D형이 정치적으로 가장 불안정하다.

6 ④

④ 걷잡을 수 없어진 지구 온난화에 적응을 하지 못한 식물들이 한꺼번에 죽어 부패하면 그 속에 가두어져 있는 탄소가 대기로 방출된다고 언급하고 있다. 따라서 생명체가 소멸되면 탄소 순환 고리가 끊길 수 있지만, 대기 중의 탄소가 사라지는 것은 아니다.

7 ⑤

⑤ 형태가 일정한 물체의 회전 운동 에너지는 회전 속도의 제곱에 정비례하므로 물체의 회전 속도가 2배가 되면 회전 운동 에너지는 4배가 된다.

8 ④

① 돌림힘의 크기는 회전축에서 힘을 가하는 점까지의 거리와 가해 준 힘의 크기의 곱으로 표현된다. 따라서 갑의 돌림힘의 크기는 1m × 300N = 300N·m이고, 을의 돌림힘의 크기는 2m × 200N = 400N·m이다. 따라서 갑의 돌림힘의 크기가 을의 돌림힘의 크기보다 작다.

② 두 돌림힘의 방향이 서로 반대이므로 알짜 돌림힘의 방향은 더 큰 돌림힘의 방향과 같다. 따라서 알짜 돌림힘의 방향의 을의 돌림힘의 방향과 같다.

③ 두 돌림힘의 방향이 반대이지만, 돌림힘의 크기가 다르므로 알짜 돌림힘은 0이 아니고, 돌림힘의 평형도 유지되지 않는다.

⑤ 두 돌림힘의 방향이 서로 반대이면 알짜 돌림힘의 크기는 두 돌림힘의 크기의 차가 된다. 따라서 알짜 돌림힘의 크기는 400 − 300 = 100N·m이다.

9 ④

(가), (나), (다), (마)는 각각 공단의 사업 활동 영역 중 다음과 같은 분야의 사업 현황과 성과에 대한 기술을 하고 있으나, (라)는 공단의 사업 활동 영역에 대한 내용이 아닌 미래 도약을 위한 공단의 청사진에 대하여 기술하고 있으므로 (라)의 내용상의 성격이 나머지와 다르다고 볼 수 있다.

(가) 능력개발의 사업 현황과 성과

(나) 능력평가의 사업 현황과 성과

(다) 외국인 고용 지원의 사업 현황과 성과

(마) 해외 취업 지원의 사업 현황과 성과

10 ②

2개의 생산라인을 하루 종일 가동하여 3일간 525개의 레일을 생산하므로 하루에 2개 생산라인에서 생산되는 레일의 개수는 525 ÷ 3 = 175개가 된다. 이때, A라인만을 가동하여 생산할 수 있는 레일의 개수가 90개/일이므로 B라인의 하루 생산 개수는 175 − 90 = 85개가 된다.

따라서 A라인 5일, B라인 2일, A + B라인 2일의 생산 결과를 계산하면, 생산한 총 레일의 개수는 (90 × 5) + (85 × 2) + (175 × 2) = 450 + 170 + 350 = 970개가 된다.

11 ⑤

① 김유진 : 3억 5천만 원 × 0.9% = 315만 원

② 이영희 : 12억 원 × 0.9% = 1,080만 원

③ 심현우 : 1,170만 원 + (32억 8천만 원 − 15억 원) × 0.6% = 2,238만 원

④ 이동훈 : 18억 1천만 원 × 0.9% = 1,629만 원

⑤ 김원근 : 2,670만 원 + (3억 원 × 0.5%) = 2,820만 원

12 ③

㉠ 1804년 가구당 인구수는 $\frac{68,930}{8,670}$ = 약 7.95이고, 1867년 가구당 인구수는 $\frac{144,140}{27,360}$ = 약 5.26이므로 1804년 대비 1867년의 가구당 인구수는 감소하였다.

㉡ 1765년 상민가구 수는 7,210 × 0.57 = 4109.7이고, 1804년 양반가구 수는 8,670 × 0.53 = 4595.1로, 1765년 상민가구 수는 1804년 양반가구 수보다 적다.

㉢ 1804년의 노비가구 수는 8,670 × 0.01 = 86.7로 1765년의 노비가구 수인 7,210 × 0.02 = 144.2보다 적고, 1867년의 노비가구 수인 27,360 × 0.005 = 136.8보다도 적다.

㉣ 1729년 대비 1765년에 상민가구 구성비는 59.0%에서 57.0%로 감소하였고, 상민가구 수는 1,480 × 0.59 = 873.2에서 7,210 × 0.57 = 4109.7로 증가하였다.

13 ①

빈칸 중 추론이 가능한 부분을 채우면 다음과 같다.

과목 사원	A	B	C	D	E	평균
김영희	(16)	14	13	15	( )	( )
이민수	12	14	(15)	10	14	13.0
박수민	10	12	9	(10)	18	11.8
최은경	14	14	(15)	17	( )	( )
정철민	(18)	20	19	17	19	18.6
신상욱	10	(13)	16	(15)	16	(14)
계	80	(87)	(87)	84	( )	( )
평균	($\frac{80}{6}$)	14.5	14.5	(14)	( )	( )

① 김영희 사원의 성취수준은 E항목 평가 점수가 17점 이상이면 평균이 15점 이상으로 '우수수준'이 될 수 있다.

② 최은경 사원의 성취수준은 E항목 시험 점수가 0점이라고 해도 평균 12점으로 '보통수준'이다. 따라서 '기초수준'이 될 수 없다.

③ 신상욱 사원의 평가 점수는 B항목은 13점, D항목은 15점, 평균 14점으로 성취수준은 '보통수준'이다.

④ 이민수 사원의 C항목 평가 점수는 15점으로, 정철민 사원의 A항목 평가 점수는 18점보다 낮다.

⑤ 박수민 사원의 D항목 평가 점수는 10점으로 신상욱 사원의 평균 14점보다 낮다.

14 ③

1명의 투표권자가 후보자에게 줄 수 있는 점수는 1순위 5점, 2순위 3점으로 총 8점이다. 현재 투표까지 중간집계 점수가 640이므로 80명이 투표에 참여하였으며, 아직 투표에 참여하지 않은 사원은 120 − 80 = 40명이다. 따라서 신입사원 A는 40명의 사원에게 문자를 보내야 한다.

15 ①

① 점유 형태가 무상인 경우의 미달가구 비율은 시설기준 면에서 전세가 더 낮음을 알 수 있다.

② 각각 60.8%, 28.0%, 11.2%이다.

③ 15.5%와 9.1%로 가장 낮은 비율을 보이고 있다.

④ 33.4%로 45.6%보다 더 낮다.

⑤ 가구 수가 동일하다면 수도권의 최저주거기준 미달가구는 51.7%이고 광역시와 도지역의 미달가구는 48.3%이므로 수도권이 나머지 지역의 합보다 많다.

16 ③

모두 100%의 가구를 비교 대상으로 하고 있으므로 백분율을 직접 비교할 수 있다.

• 광역시의 시설기준 미달가구 비율 대비 수도권의 시설기준 미달가구 비율의 배수는 37.9 ÷ 22.9 = 1.66배가 된다.

• 저소득층의 침실기준 미달가구 비율 대비 중소득층의 침실기준 미달가구 비율의 배수는 위와 같은 방식으로 45.6 ÷ 33.4 = 1.37배가 된다.

17 ③

③ 9~12시 사이에 출국장 1/2를 이용한 사람 수는 2,176명으로 이날 오전 출국장 1/2를 이용한 사람 수의 50% 이하이다.

18 ⑤

2018년 7월 甲의 월급은 기본급 300만 원에 다음의 수당을 합한 급액이 된다.

• 정근수당 : 3,000,000 × 50% = 1,500,000원
• 명절휴가비 : 해당 없음
• 가계지원비 : 3,000,000 × 40% = 1,200,000원
• 정액급식비 : 130,000원
• 교통보조비 : 200,000원

따라서 3,000,000 + 1,500,000 + 1,200,000 + 130,000 + 200,000 = 6,030,000원이다.

19 ①

신입사원 오리엔테이션 당시 다섯 명의 자리 배치는 다음과 같다.

김 사원	이 사원	박 사원	정 사원	최 사원

확정되지 않은 자리를 SB(somebody)라고 할 때, D에 따라 가능한 경우는 다음의 4가지이다.

㉠

이 사원	SB 1	SB 2	정 사원	SB 3

㉡

SB 1	이 사원	SB 2	SB 3	정 사원

©

| 정 사원 | SB 1 | SB 2 | 이 사원 | SB 3 |

㉣

| SB 1 | 정 사원 | SB 2 | SB 3 | 이 사원 |

이 중 ㉠, ㉡은 B에 따라 불가능하므로, ©, ㉣의 경우만 남는다. 여기서 C에 따라 김 사원과 박 사원 사이에는 1명이 앉아 있어야 하므로 ©의 SB 2, SB 3과 ㉣의 SB 1, SB 2가 김 사원과 박 사원의 자리이다. 그런데 B에 따라 김 사원은 ㉣의 SB 1에 앉을 수없고 박 사원은 ©, ㉣의 SB 2에 앉을 수 없으므로 다음의 2가지 경우가 생긴다.

©

| 정 사원 | SB 1
(최 사원) | 김 사원 | 이 사원 | 박 사원 |

㉣

| 박 사원 | 정 사원 | 김 사원 | SB 3
(최 사원) | 이 사원 |

따라서 어떤 경우에도 바로 옆에 앉는 두 사람은 김 사원과 최 사원이다.

20 ④

1. P와 Q는 시중의 모든 카메라보다 높은 화소를 가졌다고 하였으므로 두 카메라의 화소는 같다. → ×

2. 터치조작이 가능한 카메라는 A사에서 밖에 제작되지 않는다고 하였지만, A사에서 나오는 다른 카메라들 중 P 외에 터치조작이 가능한 다른 카메라가 있을 수 있다. → ×

3. 'Q는 P에 비해 본체 사이즈가 크지만 여러 종류의 렌즈를 바꿔 끼울 수 있고 ~'를 통해 Q는 다양한 렌즈를 사용할 수 있음을 알 수 있다. → ○

4. '모든 카메라보다 가볍지는 않다.'고 하였으므로 P 보다 가벼운 카메라가 존재한다. → ×

5. P와 Q는 모두 A사에서 출시되었다. → ○

6. 마지막 문장에서 'Q는 ~ 무선 인터넷을 통해 SNS 등으로 바로 사진을 옮길 수 있다.'라고 하였으므로 일치한다. → ○

21 ③

신당에서 6호선을 타고 약수에서 환승한 뒤 3호선으로 갈아타 옥수(F)에 들린 뒤, 다시 3호선을 타고 고속터미널에서 환승한 뒤 7호선으로 갈아타 사가정(C)으로 가는 것이 가장 효율적이다.

22 ④

F → B → E 또는 F → E → B의 순서로 이동할 수 있다.

㉠ F에서 B로 이동할 때 9정거장과 1번의 환승이 필요하고, B에서 E로 이동할 때 9정거장과 2번의 환승이 필요하다.

㉡ F에서 E로 이동할 때 8정거장과 1번의 환승이 필요하고, E에서 B로 이동할 때 9정거장과 2번의 환승이 필요하다.

23 ①

각각의 프로그램이 받을 점수를 계산하면 다음과 같다.

분야	프로그램명	점수
미술	내 손으로 만드는 철로	$\{(26 \times 3) + (32 \times 2)\} = 142$
인문	세상을 바꾼 생각들	$\{(31 \times 3) + (18 \times 2)\} = 129$
무용	스스로 창작	$\{(37 \times 3) + (25 \times 2)\} +$ 가산점 $30\% = 209.3$
인문	역사랑 놀자	$\{(36 \times 3) + (28 \times 2)\} = 164$
음악	연주하는 사무실	$\{(34 \times 3) + (34 \times 2)\} +$ 가산점 $30\% = 221$
연극	연출노트	$\{(32 \times 3) + (30 \times 2)\} +$ 가산점 $30\% = 202.8$
미술	예술캠프	$\{(40 \times 3) + (25 \times 2)\} = 170$

따라서 가장 높은 점수를 받은 연주하는 사무실이 최종 선정된다.

24 ④

① 총 인원이 250명이므로 블루 연회장과 골드 연회
   장이 적합하다.

② 송년의 밤 행사이니 저녁 시간대에 진행되어야 한다.

③ 평일인 4~5일과 11~12일은 업무 종료 시간이나
   연회부의 동 시간대 투입 인력 조건 등 제한으로
   예약이 불가능하다.

④ 모든 조건을 고려했을 때 예약 가능한 연회장은 6
   일 블루, 7일 골드, 13일 블루, 14일 블루 또는 골
   드이다.

⑤ 5일에 실버 연회장 예약이 취소된다면 블루 연회
   장으로 예약이 가능하다.

25 ②

제시된 제7조~제12조까지의 내용은 각 조항별로 각
각 인원보안 업무 취급 부서, 비밀취급인가 대상자,
비밀취급인가 절차, 비밀취급인가대장, 비밀취급인가
의 제한 조건, 비밀취급인가의 해제 등에 대하여 언급
하고 있다.

② 비밀의 등급이나 비밀에 해당하는 문서, 정보 등
취급인가 사항에 해당되는 비밀의 구체적인 내용에
대해서는 언급되어 있지 않다.

>> **직무수행능력평가(토목일반)**

26 ②

$$C = \frac{bV^2}{gR} = \frac{1067 \cdot 100^2}{9.8 \cdot 3.6^2 \cdot 600} = 140[mm]$$

27 ①

표정은 평판이 일정한 방향이나 방위를 갖도록 설정
하는 것이다.
평판 상의 측점 위치와 지상의 측점 위치가 동일 수
직선 상에 있도록 하는 것은 구심(중심맞추기)이다.
앨리데이드의 기포관이 정중앙에 오도록 맞추는 것은
정준이다.

28 ③

• 유심삼각망 : 동일 측정수에 비해 표면적이 넓고, 정
  도는 단열보다는 높으나 사변형보다 낮다. 광대한
  지역의 측량에 적합하며 정확도가 비교적 높은 편
  이다

• 단열삼각망 : 거리에 비하여 측점수가 가장 적으므로
  측량이 간단하며 조건식의 수가 적어 정도가 낮다.
  노선 및 하천측량과 같이 폭이 좁고 거리가 먼 지역
  의 측량에 사용한다.

• 사변형삼각망 : 가장 높은 정확도를 얻을 수 있으나
  조정이 복잡하고 포함된 면적이 작으며 특히 기선을
  확대할 때 주로 사용한다.

29 ④

도면에서 곡선에 둘러싸여 있는 부분의 면적을 구하
기에 가장 적합한 방법은 구적기에 의한 방법이다.

30 ③

$$A = am_1m_2 = 40.5 \cdot 20 \cdot 60 = 48,600[cm^2] = 4.86[m^2]$$

31 ③

최적함수비보다 건조측에서 최대강도, 최적함수비보다
습윤측에서 최소투수계수가 나온다.

32 ①

피어(현장타설 콘크리트 말뚝기초)의 연직지지력은 정역학적 지지력 공식에 의해 지지력을 산정한다.

33 ③

예민비가 큰 점토란 다시 반죽했을 때 강도가 반죽 전의 강도보다 감소하는 점토를 말한다.

34 ④

재하시험에 의한 지지력 결정은 다음과 같이 풀어나간다.

$$q_{t1} = \frac{q_y}{2} = \frac{60}{2} = 30\,[\text{t/m}^2]$$

$$q_{t2} = \frac{q_u}{3} = \frac{100}{3} = 33.3\,[\text{t/m}^2]$$

위의 값 중 작은 값을 허용지지력으로 취한다.
장기허용지지력은 다음의 식에 따라 구한다.

$$q_a = q_t + \frac{1}{3} \cdot \gamma \cdot D_f \cdot N_q = 30 + \frac{1}{3} \cdot 1.8 \cdot 1.5 \cdot 5 = 34.5$$
$$[\text{t/m}^2]$$

35 ②

Mohr 응력원은 σ_1과 σ_3의 차의 벡터를 지름으로 해서 그린 원이다.

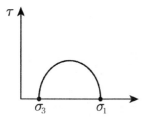

36 ②

단위도는 직접유출의 수문곡선이며 기저유출을 포함하지 않는다.

※ S-Curve방법 ··· 긴 강우지속시간을 가진 단위도로부터 짧은 지속시간을 가진 단위도로 유도하기 위해 사용하는 방법으로 S-Curve의 형상을 지배하는 인자는 단위도의 지속시간, 평형 유출량, 직접유출의 수문곡선 등이 있다.

37 ③

펌프의 축동력

축동력 결정 시 수두는 전수두를 사용해야 한다.
축동력은 다음의 식으로 구한다.

$$\frac{9.8 \cdot Q \cdot H_t}{\eta}w = \frac{9.8 \cdot 1 \cdot (50 - 20 + 3)}{0.8} = 404.25$$
$$[\text{kW}]$$

38 ①

레이놀즈수는 층류와 난류를 구분하기 위해 실험에 의해 얻어진 점성력에 대한 관성력의 비인 $Re = \dfrac{VD}{\nu}$로 나타내고 층류일 때는 $Re < 2,000$, 난류일 때는 $Re > 4,000$이며 무차원수로 흐름상태를 구분하는 지표가 된다.

39 ①

$$\tau = \frac{wh_L}{2l}r = \frac{\Delta p}{2l}r = \frac{0.1}{2 \cdot 1} \cdot 0.02 = 0.001\,[\text{N/m}^2]$$

40 ③

투수성 지역의 유출곡선지수는 불투수성 지역의 유출곡선지수보다 작은 값을 갖는다.

41 ②

전체 깊이가 250mm 이상인 보는 최소 전단철근량 규정이 적용된다.

42 ①

일반적인 부재의 두께의 경우, 캔틸레버 > 단순지지 > 양단연속 > 일단연속 순이다.

43 ④

부벽식 옹벽의 저판은 정밀한 해석이 사용되지 않는 한 부벽간 거리를 경간으로 가정한 고정보 또는 연속보로 설계할 수 있다.

44 ④

전단철근의 설계기준항복강도는 500MPa를 초과할 수 없다.

45 ③

인장측 연단에서 철근의 극한변형률은 철근의 항복변형률로 가정한다.

46 ②

카스틸리아노의 제1정리에 관한 설명이다.

47 ②

$$y_A = \left\{\left(\frac{1}{2} \times \frac{Pl}{2EI} \times l\right) \times \left(l \times \frac{2}{3}\right)\right\} +$$

$$\left\{\left(\frac{1}{2} \times \frac{Pl}{4EI} \times \frac{l}{2}\right) \times \left(\frac{l}{2} \times \frac{2}{3}\right)\right\} = \frac{3Pl^3}{16EI}$$

48 ④

원형 단면의 핵거리 : $k_x = \dfrac{D}{8} = \dfrac{40}{8} = 5\,[\text{cm}]$

원형 단면의 핵지름 : $x = 2k_x = 2 \times 5 = 10\,[\text{cm}]$

49 ①

$$\delta_{total} = \frac{3PL}{AE} + \frac{PL}{AE} = \frac{4PL}{AE}$$

50 ①

$$G = \frac{E}{2(1+\nu)} = 8.4 \times 10^5\,[\text{kg/cm}^2]$$

제 5 회 정답 및 해설

>> 직업기초능력평가

1 ③

밑줄 친 '열고'는 '모임이나 회의 따위를 시작하다.'의 뜻으로 쓰였다. 따라서 이와 의미가 동일하게 쓰인 것은 ③이다.
① 닫히거나 잠긴 것을 트거나 벗기다.
② 사업이나 경영 따위의 운영을 시작하다.
④ 새로운 기틀을 마련하다.
⑤ 자기의 마음을 다른 사람에게 터놓거나 다른 사람의 마음을 받아들이다.

2 ①

① 침강(沈降) : 밑으로 가라앉음
② 침식(侵蝕) : 외부의 영향으로 세력이나 범위 따위가 점점 줄어듦
③ 침체(沈滯) : 어떤 현상이나 사물이 진전하지 못하고 제자리에 머무름
④ 침범(侵犯) : 남의 영토나 권리, 재산, 신분 따위를 침노하여 범하거나 해를 끼침
⑤ 침해(侵害) : 침범하여 해를 끼침

3 ②

신호전자사업소장으로부터 통신설비가 중단되어야 하는 작업계획을 보고 받으면 해당 작업이 열차의 안전운행에 지장이 없는지를 확인해야 하고, 지장이 있다고 판단될 경우 해당 작업의 취소를 지시하여야 한다.

4 ⑤

(개), (내), (대)는 설화 속에서 다양한 성격으로 등장하는 호랑이 모습을 예를 들어 설명하고 있다.
① 분석 ② 과정 ③ 정의 ④ 인과

5 ④

④ 세 번째 문단을 보면 객관적인 성취의 크기로 보자면 은메달 수상자가 동메달 수상자보다 더 큰 성취를 이룬 것이 분명하나, 은메달 수상자와 동메달 수상자가 주관적으로 경험한 성취의 크기는 이와 반대로 나왔다고 언급하고 있다. 따라서 주관적으로 경험한 성취의 크기는 동메달 수상자가 은메달 수상자보다 더 큰 것을 알 수 있다.

6 ①

마지막 문단에서 공간 정보 활용 범위의 확대 사례 사례로 여행지와 관련한 공간 정보 활용과 도시 계획 수립을 위한 공간 정보 활용, 자연재해 예측 시스템에서의 공간 정보 활용 등을 제시하여 내용을 타당성 있게 뒷받침하고 있다.

7 ②

'기억의 장소'의 구체적 사례에 대해서는 언급되지 않았다.
①③⑤ 두 번째 문단에서 언급하였다.
④ 네 번째 문단에서 언급하였다.

8 ③

ⓒ은 3년간 축제 참여 현황을 통해 나타난 사실에 대한 언급이다. 나머지 ㉠, ㉡, ㉢ ㉣은 화자의 생각이자 예측으로, 사실이 아닌 의견으로 구분할 수 있다.

9 ⑤

빅데이터는 데이터의 양이 매우 많을 뿐 아니라 데이터의 복잡성이 매우 높다. 데이터의 복잡성이 높으면 다양한 파생 정보를 끌어낼 수 있다. 즉, 빅데이터에서는 파생 정보를 얻을 수 있다.

10 ④

- 전체 연구책임자 중 공학전공의 연구책임자가 차지하는 비율

$$\frac{11,680+463}{19,134+2,339}\times100=\frac{12,143}{21,473}\times100\fallingdotseq56.6\%$$

- 전체 연구책임자 중 의학전공의 여자 연구책임자가 차지하는 비율

$$\frac{400}{19,134+2,339}\times100=\frac{400}{21,473}\times100\fallingdotseq1.9\%$$

따라서 전체 연구책임자 중 공학전공의 연구책임자가 차지하는 비율과 전체 연구책임자 중 의학전공의 여자 연구책임자가 차지하는 비율의 차이는 $56.6-1.9$ $=54.7\%$p이다.

11 ③

- ③ 전체 기업 수의 약 99%에 해당하는 기업은 중소기업이며, 중소기업의 매출액은 1,804조 원으로 전체 매출액의 약 $1,804\div4,760\times100=$ 약 37.9%를 차지하여 40%를 넘지 않는다.
- ① 매출액과 영업이익을 각 기업집단의 기업 수와 비교해 보면 계산을 하지 않아도 쉽게 확인할 수 있다.
- ② 매출액 대비 영업이익률은 영업이익 ÷ 매출액 × 100으로 구할 수 있다. 각각을 구하면 대기업이 $177\div2,285\times100=$ 약 7.7%로 가장 높고, 그 다음이 $40\div671\times100=$ 약 6.0%의 중견기업, 마지막이 $73\div1,804\times100=$ 약 4.0%인 중소기업 순이다.
- ④ 전체 기업 수의 약 1%에 해당하는 대기업과 중견기업이 전체 영업이익인 290조 원의 약 74.8%($=$ $217\div290\times100$)를 차지한다.
- ⑤ 대기업은 $2,047,000\div2,191=$ 약 934명이며, 중견기업은 $1,252,000\div3,969=$ 약 315명이므로 3배에 육박한다고 말할 수 있다.

12 ④

- 첫 번째 생산성 조건에 따르면 A생산라인과 B생산라인을 각각 가동할 때, A생산라인은 1시간에 25개(정상 20개), B생산라인은 1시간에 50개(정상 45개)를 만든다.
- 두 번째 생산성 조건에서 두 라인을 동시에 가동하면 시간 당 정상제품 생산량이 각각 20%씩 상승한다고 하였으므로 A생산라인은 시간당 24개, B생산라인은 시간당 54개의 정상제품을 생산한다.

- A생산라인을 먼저 32시간 가동하였을 때 만들어진 정상제품은 $20\times32=640$개이므로 최종 10,000개의 납품을 맞추려면 9,360개의 정상제품이 더 필요하다.
- 두 생산라인을 모두 가동한 시간을 x라 할 때, 두 생산라인을 모두 가동하여 9,360개를 생산하는 데 걸리는 시간은 $(24+54)x=9,360$이므로 $x=120$이다.

13 ②

- ㉡ A지역은 여름과 겨울에 전력사용량이 증가하는 것으로 보아 산업용보다 주택용 전력사용량 비중이 높을 것이다.
- ㉣ 공급 능력이 8,000만kW, 최대 전력 수요가 7,200kW라면 공급예비율($=$공급 능력$-$최대 전력 수요)이 10% 이상으로 유지되도록 대책을 마련해야 한다.

14 ①

A~E의 지급 보험금을 산정하면 다음과 같다.

피보험물건	지급 보험금
A	주택, 보험금액 ≥ 보험가액의 80%이므로 손해액 전액 지급→6천만 원
B	일반물건, 보험금액 < 보험가액의 80%이므로 손해액 $\times\dfrac{보험금액}{보험가액의\ 80\%}$ 지급→ $6,000\times\dfrac{6,000}{6,400}=5,625$만 원
C	창고물건, 보험금액 < 보험가액의 80%이므로 손해액 $\times\dfrac{보험금액}{보험가액의\ 80\%}$ 지급→ $6,000\times\dfrac{7,000}{8,000}=5,250$만 원
D	공장물건, 보험금액 < 보험가액이므로 손해액 $\times\dfrac{보험금액}{보험가액}$ 지급→$6,000\times\dfrac{9,000}{10,000}=5,400$만 원
E	동산, 보험금액 < 보험가액이므로 손해액 $\times\dfrac{보험금액}{보험가액}$ 지급→$6,000\times\dfrac{6,000}{7,000}=$ 약 $5,143$만 원

따라서 지급 보험금이 많은 것부터 순서대로 나열하면 A－B－D－C－E이다.

15 ④

㉠ 2001년에 '갑'이 x 원어치의 주식을 매수한 뒤 같은 해에 동일한 가격으로 전량 매도했다고 하면, 주식을 매수할 때의 주식거래 비용은 $0.1949x$ 원이고 주식을 매도할 때의 주식거래 비용은 $0.1949x + 0.3x = 0.4949x$ 원으로 총 주식거래 비용의 합은 $0.6898x$ 원이다. 이 중 증권사 수수료는 $0.3680x$ 원으로 총 주식거래 비용의 50%를 넘는다.

㉢ 금융투자협회의 2011년 수수료율은 0.0008%로 2008년과 동일하다.

16 ③

주어진 자료를 근거로 괄호 안의 숫자를 채우면 다음과 같다.

구분	2015년	2016년
남(초) + 여(초)	$260 - 22 = 238$	$(241 + 238 + x) \div 3 = 233,\ x = 220$
남(재) + 여(초)	$15 - 4 = 11$	$(14 + 11 + x) \div 3 = 12,\ x = 11$
남(초) + 여(재)	$19 - 4 = 15$	$(16 + 15 + x) \div 3 = 16,\ x = 17$
남(재) + 여(재)	$41 - 7 = 34$	$(33 + 34 + x) \div 3 = 33,\ x = 32$

따라서 ㉠은 초혼 남자이므로 '남(초) + 여(초)'인 220명과 '남(초) + 여(재)'인 17명의 합인 237명이 되며, ㉡은 재혼 남자이므로 '남(재) + 여(초)'인 11명과 '남(재) + 여(재)'인 32명의 합인 43명이 된다.

17 ②

⑦ 매년 '남(초) + 여(재)'의 건수가 '남(재) + 여(초)'의 건수보다 많으므로 타당한 판단이라고 볼 수 있다.

㉯ 이혼율 관련 자료가 제시되지 않아 이혼율과 초혼 간의 혼인율의 상관관계를 판단할 수 없다.

㉰ 여성의 재혼 건수는 2008년, 2010년, 2012년에 전년보다 증가하였다. 이때 남성의 재혼 건수도 전년보다 증가하였으므로 타당한 판단이다.

㉱ 2016년에는 10년 전보다 초혼, 재혼 등 모든 항목에 있어서 큰 폭의 감소를 나타내고 있다.

따라서 타당한 판단은 ⑦와 ㉰이다.

18 ⑤

보기의 명제를 대우 명제로 바꾸어 정리하면 다음과 같다.

㉠ ~인사팀 → 생산팀(~생산팀 → 인사팀)

㉡ ~기술팀 → ~홍보팀(홍보팀 → 기술팀)

㉢ 인사팀 → ~비서실(비서실 → ~인사팀)

㉣ ~비서실 → 홍보팀(~홍보팀 → 비서실)

이를 정리하면 '~생산팀 → 인사팀 → ~비서실 → 홍보팀 → 기술팀'이 성립하고 이것의 대우 명제인 '~기술팀 → ~홍보팀 → 비서실 → ~인사팀 → 생산팀'도 성립하게 된다. 따라서 이에 맞는 결론은 보기 ⑤의 '생산팀을 좋아하지 않는 사람은 기술팀을 좋아한다.'뿐이다.

19 ①

②

원래 시료	딸기향 10mℓ, 바다향 10mℓ, 바닐라향 10mℓ, 파우더향 10mℓ, 커피향 10mℓ
1차 조합 및 결과	바닐라향 10mℓ + 파우더향 10mℓ = 바닐라향 20mℓ 딸기향 10mℓ, 바다향 10mℓ, 커피향 10mℓ
2차 조합 및 결과	딸기향 10mℓ + 바닐라향 10mℓ = 딸기향 10mℓ + 베리향 10mℓ 바닐라향 10mℓ, 바다향 10mℓ, 커피향 10mℓ
3차 조합 및 결과	딸기향 10mℓ + 커피향 10mℓ = 커피향 20mℓ 베리향 10mℓ, 바닐라향 10mℓ, 바다향 10mℓ

③

원래 시료	딸기향 10mℓ, 바다향 10mℓ, 바닐라향 10mℓ, 파우더향 10mℓ, 커피향 10mℓ
1차 조합 및 결과	딸기향 10mℓ + 바닐라향 10mℓ = 딸기향 10mℓ + 베리향 10mℓ 바다향 10mℓ, 파우더향 10mℓ, 커피향 10mℓ
2차 조합 및 결과	바다향 10mℓ + 파우더향 10mℓ = 바다향 20mℓ 딸기향 10mℓ, 베리향 10mℓ, 커피향 10mℓ

④

원래 시료	딸기향 10mℓ, 바다향 10mℓ, 바닐라향 10mℓ, 파우더향 10mℓ, 커피향 10mℓ
1차 조합 및 결과	바다향 10mℓ + 바닐라향 10mℓ = 바다향 10mℓ + 나무향 10mℓ 딸기향 10mℓ, 파우더향 10mℓ, 커피향 10mℓ
2차 조합 및 결과	딸기향 10mℓ + 바다향 10mℓ = 숲속향 20mℓ 나무향 10mℓ, 파우더향 10mℓ, 커피향 10mℓ
3차 조합 및 결과	숲속향 10mℓ + 파우더향 10mℓ = 숲속향 20mℓ 숲속향 10mℓ, 나무향 10mℓ, 커피향 10mℓ

⑤

원래 시료	딸기향 10㎖, 바다향 10㎖, 바닐라향 10㎖, 파우더향 10㎖, 커피향 10㎖
1차 조합 및 결과	딸기향 10㎖ + 파우더향 10㎖ = 딸기향 20㎖
	바다향 10㎖, 바닐라향 10㎖, 커피향 10㎖
2차 조합 및 결과	바다향 10㎖ + 바닐라향 10㎖ = 바다향 10㎖ + 나무향 10㎖
	딸기향 20㎖, 커피향 10㎖
3차 조합 및 결과	바다향 10㎖ + 커피향 10㎖ = 커피향 20㎖
	딸기향 20㎖, 나무향 10㎖

20 ③

조건에 따라 그림으로 나타내면 다음과 같다. 네 번째 술래는 C가 된다.

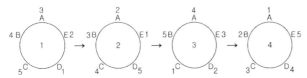

21 ④

④ 예능 프로그램 2회 방송의 총 소요 시간은 1시간 20분으로 1시간짜리 뉴스와의 방송 순서는 총 방송 편성시간에 아무런 영향을 주지 않는다.

① 채널1은 3개의 프로그램이 방송되었는데 뉴스 프로그램을 반드시 포함해야 하므로, 기획물이 방송되었다면 뉴스, 기획물, 시사정치의 3개 프로그램이 방송되었다.

② 기획물, 예능, 영화 이야기에 뉴스를 더한 방송시간은 총 3시간 40분이 된다. 채널2는 시사정치와 지역 홍보물 방송이 없고 나머지 모든 프로그램은 1시간 단위로만 방송하므로 정확히 12시에 프로그램이 끝나고 새로 시작하는 편성 방법은 없다.

③ 9시에 끝난 시사정치 프로그램에 바로 이어진 뉴스가 끝나면 10시가 된다. 기획물의 방송시간은 1시간 30분이므로, 채널3에서 영화 이야기가 방송되었다면 정확히 12시에 기획물이나 영화 이야기 중 하나가 끝나게 된다.

⑤ 예능 2회분은 1시간 20분이 소요되며, 뉴스 1시간, 영화 이야기 30분을 모두 더하면 총 2시간 50분이 소요된다. 따라서 12시까지는 2시간 10분이 남게 되어 4종류의 프로그램만 방송될 경우, 예능(2회분), 뉴스, 영화 이야기와 함께 시사정치가 방송될 수밖에 없다.

22 ⑤

⑤ 채널2에서 영화 이야기 프로그램 편성을 취소하면 3시간 10분의 방송 소요시간만 남게 되므로 정각 12시에 프로그램을 마칠 수 없다.

① 기획물 1시간 30분 + 뉴스 1시간 + 시사정치 2시간 30분 = 5시간으로 정각 12시에 마칠 수 있다.

② 뉴스 1시간 + 기획물 1시간 30분 + 예능 40분 + 영화 이야기 30분 + 지역 홍보물 20분 = 4시간이므로 1시간짜리 다른 프로그램을 추가하면 정각 12시에 마칠 수 있다.

③ 시사정치 2시간 + 뉴스 1시간 + 기획물 1시간 30분 + 영화 이야기 30분 = 5시간으로 정각 12시에 마칠 수 있다.

④ 예능 1시간 20분 + 뉴스 1시간 = 2시간 20분이므로 시사정치가 2시간 이상 방송하여 11시 30분 또는 11시 40분에 종료한다면, 영화 이야기나 지역 홍보물을 추가하여 모두 4종류의 프로그램을 정각 12시에 마칠 수 있다.

23 ②

통화대기를 한 경우이므로 이 부장 통화 후 수화기를 들고 통화대기 버튼을 눌러야 한다.

① 세 자리 내선번호의 맨 앞자리는 각 부서를 의미하는 것임을 알 수 있다.

③ 당겨 받을 경우 * 버튼을 두 번 누르면 되므로 신 대리의 내선번호를 누를 필요는 없다.

④ 타 직원에게 전화를 돌려주는 경우이므로 # 버튼을 누른 후 이 대리의 내선번호인 105번을 반드시 눌러야 한다.

⑤ # 버튼을 누르는 것은 타 직원에게 전화를 돌려주는 것이므로 상대방의 통화가 아직 끝나지 않은 것이다.

24 ⑤

조건에 따라 신규 매장 위치를 표시하면 다음과 같다. 따라서 신규 매장이 위치할 수 없는 곳은 ⓔ이다.

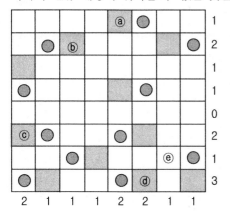

25 ①

- 甲 : 사망자가 공무원의 부모이고, 해당 공무원이 2인 이상(직계비속인 C와 D)인 경우이므로 사망한 자를 부양하던 직계비속인 공무원인 D가 사망조위금 최우선 순위 수급권자이다.
- 乙 : 사망자 C는 공무원의 배우자이자 자녀이다. 해당 공무원이 2인 이상(직계존속인 A와 B, 배우자인 D)인 경우이므로 사망한 자의 배우자인 공무원인 D가 사망조위금 최우선 순위 수급자이다.
- 丙 : 사망자 A 본인이 공무원인 경우로, 사망조위금 최우선 순위 수급자는 사망한 공무원의 배우자인 B가 된다.

≫ 직무수행능력평가(토목일반)

26 ④

표척눈금의 부정확에서 오는 오차는 정오차로서 전·후시 거리를 같게 함으로써 제거되는 오차가 아니다.

27 ④

클로소이드의 종류 중 복합형은 같은 방향으로 구부러진 2개 이상의 클로소이드로 이어진 평면 선형을 의미한다.

28 ①

사진측량은 항공기에 카메라를 설치하여 측량을 하는 방법이므로 기상의 영향을 많이 받는다.

29 ④

삼각점의 등급을 정하는 주된 목적은 측량의 기준점을 효과적으로 배치하기 위한 것이지 표석설치의 편리함을 위한 것이 아니다. (삼각점의 등급은 국가적 중요도, 정밀도에 의해 1~4등급까지 구분한다.)

30 ①

지오이드 모델은 GNSS 관측성과에 속하지 않는다.

※ GNSS[Global Navigation Satellite System] … 인공위성을 이용하여 지상물의 위치·고도·속도 등에 관한 정보를 제공하는 시스템이다.

31 ③

Meyerhof의 극한지지력 공식에서 사용되는 계수 … 형상계수, 깊이계수, 하중경사계수, 지지력계수

32 ②

흙의 다짐시험에서 다짐에너지를 증가시키면 최적함수비는 감소하고, 최대건조단위중량은 증가한다.

33 ①

임계활동면이란 안전율이 가장 취약하게 나타나는 활동면을 말한다.

34 ④

공법	적용되는 지반	종류
다짐공법	사질토	동압밀공법, 다짐말뚝공법, 폭파다짐법 바이브로 컴포져공법, 바이브로 플로테이션공법
압밀공법	점성토	선하중재하공법, 압성토공법, 사면선단재하공법
치환공법	점성토	폭파치환공법, 미끄럼치환공법, 굴착치환공법
탈수 및 배수공법	점성토	샌드드레인공법, 페이퍼드레인공법, 생석회말뚝공법
	사질토	웰포인트공법, 깊은우물공법
고결공법	점성토	동결공법, 소결공법, 약액주입공법
혼합공법	사질토, 점성토	소일시멘트공법, 입도조정법, 화학약제혼합공법

35 ③

흙이 조립토에 가까울수록 최적함수비는 작아지며 최대건조단위중량이 증가한다.

36 ②

Darcy-Weisbach의 법칙

유속 : $V = Ki = K\dfrac{h_L}{L}$

관마찰 손실수두 : $h_L = f \cdot \dfrac{L}{d} \cdot \dfrac{V^2}{2g}$

37 ③

15~35분 사이일 때가 20분 지속 최대강우량이다.

20분 지속 최대강우강도

$I = n$시간 최대강우량 $\times \dfrac{60}{\text{지속시간}}$

$= (5 + 8 + 7 + 3) \times \dfrac{60}{20} = 69[\text{mm/hr}]$

38 ③

단위유량도 3가지 기본가정 … 일정 기저시간의 가정, 중첩가정, 비례가정

39 ④

유출량의 단위는 m³/sec로서 $[L^3 T^{-1}]$이며 나머지 증발량, 침투율, 강우강도는 모두 $[LT^{-1}]$가 된다.

40 ②

$\dfrac{\text{상호간의 거리}}{C} = \dfrac{2{,}000 \cdot 10^3}{\sqrt{9.8 \cdot 3{,}000}} = 11{,}664.2 = 194.4[\text{min}]$

41 ④

횡방향철근 … T형보에서 주철근이 보의 방향과 같은 방향일 때 하중이 직접적으로 플랜지에 작용하게 되면 플랜지가 아래로 휘면서 파괴될 수 있으므로 이 휨 파괴를 방지하기 위해서 배치하는 철근이다.

42 ②

프리스트레스의 손실원인

㉠ 도입 시 발생하는 손실 : PS강재의 마찰, 콘크리트 탄성변형, 정착장치의 활동

㉡ 도입 후 손실 : 콘크리트의 건조수축, PS강재의 릴랙세이션, 콘크리트의 크리프

43 ②

횡방향 비틀림철근의 간격은 $P_h/8$보다 작아야 하고 또한 300mm보다 작아야 한다.

44 ④

풍하중은 활하중에 속하지 않는다.

※ 활하중 … 구조물의 사용 및 점용에 의해 발생하는 하중으로서 가구, 창고 저장물, 차량, 군중에 의한 하중 등이 포함된다. 일반적으로 차량의 충격효과도 활하중에 포함되나, 풍하중, 지진하중과 같은 환경하중은 포함되지 않는다.

45 ②

인장이형철근의 겹침이음에서 A급 이음은 $1.0l_d$ 이상, B급 이음은 $1.3l_d$ 이상 겹쳐야 한다. (단, l_d는 규정에 의해 계산된 인장이형철근의 정착길이이다.)

46 ①

$$R_A = \frac{M_A + M_B}{L} = \frac{200 + 100}{20} = 15\,[\text{kN}]$$

47 ①

AB양지점에서는 6t의 연직반력이 발생하게 된다.

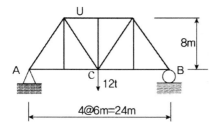

U부재를 인장력이 작용한다고 가정한 후 U부재를 지나는 선으로 부재를 절단한 후 C점을 중심으로 모멘트평형을 적용하면 U부재는 9t(압축)이 산출된다.

$$\sum M_C = 0 : R_A \cdot 12 + U \cdot 8 = 6 \cdot 12 + U \cdot 8 = 0$$

$U = -9t$ (양의 값이 인장, 음의 값이 압축)

48 ①

단위변형을 일으키는 데 필요한 힘을 강성도라고 한다.

49 ③

$$I_{X-X} = \frac{11 \cdot 1^3}{12} + (11 \cdot 1) \cdot 0.5^2 + \frac{2 \cdot 8^3}{12} + (2 \cdot 8) \cdot 5^2 = 489$$

$[\text{cm}^4]$

50 ④

양단이 고정된 기둥에 축방력에 의한 좌굴하중은

$$P_{cr} = \frac{4\pi^2 EI}{L^2}$$

(E : 탄성계수, I : 단면 2차 모멘트, L : 기둥의 길이)